Barbara Behr Edition

MIX
Papier aus verantwortungsvollen Quellen
FSC® C002795
FSC www.fsc.org

Mineralöl freie Druckfarbe

ISBN 978-3-649-64462-0

Hafenweg 30, 48155 Münster, Germany

Illustrationen: Barbara Behr
Textsatz & grafische Gestaltung: Marlies Stolzenburg
Redaktion: Kai König

Printed in Latvia

www.coppenrath.de

Hans Kruppa

LASS DEINE GEFÜHLE TANZEN

Erzählungen

COPPENRATH

MEINE GEFÜHLE TANZEN

Es begann an einem sonnigen, warmen Nachmittag vor einem Monat im Stadtpark. Ich saß unter dem großen Kastanienbaum direkt am Ufer des Ententeichs und genoß die Wärme und die Stille. Ich hatte meine Sandalen ausgezogen und den Saum meines Kleides ein Stück hochgeschoben, um die Füße im Wasser abzukühlen.
Auf einmal nahm ich Schritte wahr. Schritte verraten viel. Diese waren ruhig, aber nicht scheu. Die Schritte einer Frau, hatte ich das Gefühl.
Als sie neben mir endeten und jemand sich einfach zu mir ans Ufer setzte, war ich eher davon überrascht, daß es ein Mann war, als über die lässige Mißachtung meiner Privatsphäre. Fast wäre ich aufgestanden und gegangen, aber ich blieb. Ein mißbilligender Spruch lag mir auf der Zunge, aber ich sagte nichts.
Auch er schwieg. Er saß neben mir, als hätte er das Recht dazu, als sei es nicht aufdringlich und unsensibel, sondern ganz natürlich.
Kurz begegneten sich unsere Blicke. Und ich spürte, warum ich mir seine Nähe gefallen ließ: Er hatte keine Angst vor einer Zurückweisung. Er wirkte auf angenehme Weise selbstbewußt. Auch gefiel mir, daß er kein Wort sagte. So gab er mir die Möglichkeit, in mich hineinzulauschen und herauszufinden, wie ich mich in seiner Gegenwart fühlte.
Eine Ente kam direkt auf uns zugeschwommen, und auf einmal lächelten wir uns an. Genau in diesem Moment fiel eine Kastanie von dem Baum, unter dem wir saßen. Ihre stachelige Schale war aufgebrochen und gab den Blick auf

das braun glänzende Innere frei. Ich werde nie vergessen, wie er die Kastanie aufhob, geschickt aus ihrer Hülle schälte und mir den glatten, glänzenden Kern schenkte.

Wir treffen uns immer in meiner Wohnung. Wichtig daran ist für mich nur, daß wir uns treffen. Er kommt meistens am frühen Abend und bleibt ein paar Stunden. In diesen Stunden, für diese Stunden lebe ich. Einmal habe ich mir gewünscht, ihn öfter und länger bei mir zu haben, an seiner Seite einzuschlafen und morgens aufzuwachen. Aber dann hat mir etwas gesagt, daß es so, wie es ist, auch sein soll.
Meine Arbeit, meine Verwandten, mein kleiner Freundeskreis, meine Hobbys haben an Bedeutung verloren, aber äußerlich hat sich mein Leben nicht verändert. Und die innere Veränderung erkennt niemand, weil keiner meiner Freunde und Kollegen wirklich in mich sieht. Sie sehen alle auf mich, tiefer geht ihr Blick nicht.
Er sieht in mich hinein, als könne er gar nicht anders. Von Anfang an hatte er diesen Blick, und deshalb habe ich ihn zu mir nach Hause zu einem Eisbecher eingeladen, gleich beim ersten Mal, an diesem sonnigen Nachmittag im Park.
Er scheut Worte – und das in einer Welt, wo alle mit Worten um sich werfen. Er sucht eine Nähe, die Worte überflüssig macht – oder eine, welche die Überflüssigkeit von Worten bewußt macht. Eine Nähe, die sich nicht zu beweisen braucht, die keine Wortwechsel will, sondern „nur“ die Vertiefung ihrer eigenen Atmosphäre.

Es könnte eine Sucht daraus werden. Ich könnte Angst haben, von seinen Besuchen abhängig zu werden. Wahrscheinlich bin ich es längst, Liebe ist die stärkste Droge, und der Entzug kann furchtbar sein. Wie viele sind schon zerbrochen, weil sie diesen Entzug nicht schafften? Aber ich denke nicht ans Ende. Ich wäre dumm und seiner Liebe nicht würdig, wenn ich mir durch meine Angst, ihn zu verlieren, die Gefühle verderben ließe, die ich dank ihm erlebe.

Wir versuchen, einen Traum zu leben, ohne darüber zu reden, denn das könnte ihn zerstören. Ich hoffe, daß wir denselben Traum meinen, denn das Schweigen kann genauso gut täuschen wie Worte. Aber im Gegensatz zu Worten kann das Schweigen berauschen, beglücken, beseligen – wie ein grandioser Sonnenuntergang, wie ein Blick von einer Steilklippe herab auf eine wild schäumende Brandung.

Wenn wir uns küssen, fühle ich mich so beflügelt, als sei ich nie abgestürzt, als hätte ich nie verloren und nie geweint. Wenn mir etwas das Zweifeln abgewöhnen könnte, wären es seine Küsse, die alles in mir zum Leben erwecken.

Seit unserer ersten Umarmung ist ein wundersamer Frieden in mir, ich fühle mich ausgesöhnt mit den Mängeln und Widersprüchen des Lebens, seinen Wirren und Tücken, seiner Vergänglichkeit – als hätte ich bekommen, was ich mir unbewußt schon immer gewünscht hatte. Ich bin eine andere Frau, ich bin ich selbst geworden. Meine Gefühle tanzen zur Musik meines Herzens, meine Gedanken gehen

sonnige Wege. Mein ganzes Leben hat sich erwärmt, meine Seele atmet Höhenluft und fragt nicht mehr nach dem Sinn. Seine Umarmungen gehen mir so tief unter die Haut – und bleiben lange in mir lebendig. Jetzt weiß ich, was eine Umarmung wirklich ist: eine zeitlose Zeit reiner Liebe, ein unglaubliches Geschenk, das uns erhöht, erfüllt und erneuert.
Daß ich unaufhaltsam altere und unweigerlich sterben werde, daß die Welt in zu vieler Hinsicht in einem katastrophalen Zustand und der Mensch weitgehend dafür verantwortlich ist, bedrückt mich nicht mehr. Ich kann es annehmen, ohne mein inneres Lächeln zu verlieren, das nur er sieht.

Dennoch: Letzte Woche hatte ich einen Alptraum. Er rief mich an und sagte, er sei auf dem Weg zu mir. Ich freute mich wahnsinnig, zog mir mein schönstes Kleid an, kämmte mich und legte mir eine silberne Schlangenkette um den Hals.
Als es klingelte, lief ich mit klopfendem Herzen zur Tür und öffnete sie. Aber statt ihm stand eine junge Frau dort, die mich feindselig ansah und mir furchtbare Worte an den Kopf warf: „Er kommt nicht mehr zu dir! Er kommt nie mehr!"
Ich erwachte schweißgebadet. Dieser Alptraum hat mir angst gemacht. Aber die Angst wird keinen Schaden an meinen Gefühlen anrichten, denn ich vertraue ihm. Vielleicht wird er irgendwann nicht mehr kommen, aber erst, wenn es natürlich ist: wie, wenn ein Blatt im Herbst vom

Ast fällt, weil seine Zeit vorbei ist. So wird es sein, wie ein Blatt abfällt, und vorher wird er mich nicht fallenlassen, das ist mein Vertrauen in ihn. Zum ersten Mal kann ich die Ungewißheit der Liebe annehmen und sie sogar genießen, ihre wahre Natur. Ich glaube, das ist vielleicht sein größtes Geschenk an mich.

Ich spreche mit niemandem über ihn, obwohl er mich nie ausdrücklich um die Geheimhaltung unserer Nähe gebeten hat. Sie hat sich von Anfang an von selbst verstanden. Vielleicht kann nur eine geheime Nähe gegen die Welt bestehen. Ich fühle mich geborgen in unserem Geheimnis.
Ich weiß nur wenig über das Leben, das er führt, wenn er nicht bei mir ist. Doch wozu brauche ich Gewißheiten? Ich kenne sein Gesicht, seinen Geruch, jeden Zentimeter seiner Haut, sein Haar, seine Stimme, sein Lächeln. Seine grenzenlose Zärtlichkeit. Sein liebevolles Herz, seine schöne Seele. Fragte man mich nach seinem Beruf, müßte ich die Auskunft schuldig bleiben. Ich kenne nicht mal seine Telephonnummer, geschweige denn seine Adresse.
Ich meinte immer, Liebe erwecke den Wunsch, alles über den anderen zu erfahren. Ich hätte nie für möglich gehalten, daß ich lieben kann, ohne wissen zu wollen, daß ich Glück erleben kann, ohne Sicherheit zu suchen. Daß ich Geheimnisse achten und schätzen kann als eine Form der Freiheit, die man dem andern läßt.
Ich habe mich mit seiner Hilfe auch selbst befreit – von meinem früheren ängstlichen, allzu skeptischen Ich. Dieses

Gefühl des Befreitseins! Der warme Wind neuer Hoffnung, der mir unter die Haut weht, und plötzlich ist wirklich, was ich längst abgetan hatte als Illusionen, als vermessene Wünsche, unerfüllbare Sehnsüchte eines zu naiven Herzens. Ich gehe mit unbeschreiblichen Empfindungen in den Keller meines Bewußtseins und hole die verstaubten Bilder eines Traumes nach oben, den ich vor Jahren ausrangiert hatte, den ich nicht behalten wollte, aber auch nicht wegwerfen konnte.

Jetzt hebe ich ihn Stück für Stück auf, den aufgehobenen Traum, und setze seine Bilder zusammen zu einer funkelnden Ganzheit. Behutsam trage ich ihn hoch und reinige ihn von den Spuren glückloser Zeit, gebe ihm einen Ehrenplatz in meinem neuen Lebensgefühl, stelle ihn ans Licht meines wiedererwachten Glaubens an ihn, damit er wachsen kann, vielleicht sogar blühen. Und ich lächle, ich habe wieder Grund zu lächeln!

Weil ich nicht nur hoffe, sondern fühle, daß der Traum noch lebt, der Traum eines ganz neuen Anfangs! Der Traum eines hohen Lebensgefühls, einer inneren Leichtigkeit, die das Schweben ermöglicht, den Segelflug über dem Wald der Wirklichkeit, den ich vor lauter Bäumen nicht mehr gesehen hatte. Der Traum einer magischen inneren Verwandlung: Indem ich mich verwandele, werde ich mehr ich selbst. Indem ich meine vermeintlichen Grenzen überfliege, tauche ich tiefer in mich ein. Es ist vergänglich, aber herrlich. Es will Ewigkeit – und bekommt doch nur

Endlichkeit. Doch das genügt mir. Rilke hat es gewußt: Was das Leben wirklich ist, mißt nicht nach Jahren. Du kannst es erfahren in einer Nacht.

Ich habe es erfahren – oder vielmehr geschenkt bekommen. Weil er mich fand vor einem Monat im Park, als ich zu mir finden wollte nach anstrengenden Stunden. Weil er, auf unerklärliche Weise von mir angezogen, sich einfach wortlos zu mir setzte – und ich ihm Zeit genug gab, sein Schweigen zu Nähe werden zu lassen. Seitdem atme ich Leben in seiner Gegenwart, trinke Freude aus seinen Küssen, bade in Schönheit in seinen Umarmungen. Seine Blicke gehen mir nicht aus dem Sinn. Ich sehe seine Augen, wenn ich meine schließe.

„Das geht vorbei, leider“, würde meine beste Freundin sagen und wissend seufzen. Aber sie wird nichts erfahren. Niemand wird etwas erfahren. Auch wenn er irgendwann nicht mehr zu mir kommt, werde ich unser Geheimnis hüten. Und niemand wird Worte machen können über uns, die wir keine Worte brauchten.

DER LOHN DER HOFFNUNG

Jan saß im Schreibtischsessel am Fenster und sah selbstvergessen aus dem Fenster. Es war dunkel im Zimmer geworden. Draußen fuhr ein Auto vorbei, dann noch eins, aber das waren ferne Geräusche, die man ebensogut überhören konnte.

Sara war nach einer fruchtlosen Auseinandersetzung wieder gegangen. Er fühlte sich erleichtert, aber es blieb ein großes Unbehagen in ihm zurück, denn er erinnerte sich an Zeiten, in denen er erleichtert war, wenn Sara vor seiner Tür stand. Gefühle verändern sich, dachte er, aber man merkt es erst richtig, wenn sie sich verändert haben.

Es war nicht mehr zu leugnen oder zu verdrängen: Ihre Liebe war in eine Krise geraten. Zum ersten Mal war es nicht einer dieser emotionalen Engpässe, durch die man sich in wenigen Tagen hindurchzwängen konnte und wieder freien Weg hatte. Diesmal war es keine Verengung, es fühlte sich an wie eine Mauer, vor der sie wie erstarrt standen und nicht weiterwußten.

Sie führten ergebnislose Gespräche über die plötzliche Lähmung, beleuchteten sie von allen Seiten und konnten einige Symptome beim Namen nennen, aber das half ihnen nicht weiter. Wo war die Medizin?

Sie hatten schließlich ausgemacht, sich eine Woche lang nicht zu treffen. Vielleicht hatten sie sich einfach zu oft gesehen, ein ganzes Jahr ohne längere Trennung als für einige Tage. Offensichtlich waren sie jetzt doch unmerklich in eine Art Routine hineingeschlittert. Erstarrung durch Gewohnheit, welches Liebespaar war schon dagegen gefeit?

Nach zwei Tagen stand Jan vor Saras Tür. „Es hat keinen Sinn so, wir müssen es zusammen versuchen!“ sagte er. Sie sahen sich in die Augen, und plötzlich war die unsichtbare Mauer nicht mehr zu spüren, als habe ein geheimer Zauber sie aufgelöst.
Es folgten unbeschwerte Tage, die Sonne zeigte sich nach langer Abwesenheit. Jan und Sara fuhren in die noch schlafende Natur hinaus, um die ersten frühlingshaften Tage des Jahres auszukosten.
Dann, ganz unvermittelt, blieb die Sonne aus, und mit ihr verlor sich die alte, neu gewonnene Wärme zwischen ihnen. Eine unachtsame Geste, ein paar gedankenlos dahingesagte Worte gaben Anlaß zu leichten Vorwürfen, die schwerere nach sich zogen, bis sich alles zu einem beengenden Schweigen aufstaute.
„Vielleicht ist unsere Liebe einfach nur krank. Und wir nehmen es nicht wahr und reden von Lähmung und Erstarrung“, sagte Sara plötzlich in das Schweigen hinein. „Eine Liebe ist doch etwas Organisches, sie kann doch mal krank werden, genau wie der Körper! Vielleicht hatte unsere Liebe Grippe, und die ist nicht richtig auskuriert worden. Jetzt hat sie einen Rückfall bekommen. Wir müssen sie schonend und gut behandeln, dann ist sie bald wieder gesund!“
„Und was machen wir, wenn es etwas Ernsteres ist?“ fragte Jan.
„Grippe! Sie hat nur Grippe!“

Jan machte die Schreibtischlampe an, zog einen roten Pappkarton aus einer Schublade und nahm den Deckel ab. Sein erster Blick fiel auf ein Photo aus der Serie, die Sara von ihm gemacht hatte, vor einem Jahr, als sie ineinander verliebt waren bis in die Haarspitzen.

„Wird das nicht allmählich langweilig, immer nur mein Gesicht zu photographieren?“

Sara lächelte nur und knipste weiter. Tage später zeigte sie Jan die Aufnahmen. Fast alle waren gelungen, hatten etwas Charakteristisches eingefangen.

„Wie machst du das?“

Sara lachte. „Du machst es. Ich drücke nur im richtigen Moment den Auslöser. Dein Gesicht macht das Photo.“

„Aber du machst mein Gesicht“, sagte er.

Jan hatte schon damals geahnt, daß Sara die Frau war, nach der er schon lange gesucht hatte. Sie erlebten zum ersten Mal, was sie sich mehr oder weniger bewußt unter einer wirklichen Liebe vorgestellt hatten. Und auch manches, das ihre Vorstellungskraft übertraf. Sie hatten viele erste Male zusammen, in der ersten Zeit brachte fast jeder neue Tag ein neues erstes Mal. Die Ressourcen ihrer Liebe schienen ein Leben lang auszureichen. Die Zukunft lag vor ihnen wie eine bunt blühende Sommerwiese.

Jan und Sara hatten mit der Zeit herausgefunden, daß ihre Liebe ein bestimmtes Klima brauchte, um sich entfalten

zu können, eine Atmosphäre der Wärme und des rückhaltlosen Vertrauens. Wenn es ihnen gelang, dieses Klima zwischen ihnen entstehen zu lassen, erlebten sie ihre kostbarsten Glücksmomente.
In dem roten Pappkarton lag auch ein Brief von ihr, den sie ihm in der Anfangszeit ihrer Liebe geschickt hatte, als sie für ein paar Tage verreisen mußte. Er hatte den Brief damals tagelang bei sich getragen und kannte seinen Inhalt auswendig. Trotzdem las er Saras Zeilen ein weiteres Mal: „Jan, Lieber, es ist, als wäre ich bei dir! Mein Kopf liegt in deinem Schoß, und ich fühle deine Nähe, die das einzige ist, was ich brauche und liebe …"
Jan konnte nicht weiterlesen und legte den Brief wieder in den Karton zurück. Saras Zeilen stimmten ihn traurig. Noch trauriger, als er ohnehin schon war, denn sie machten ihm die Kluft zwischen damals und heute schmerzlich bewußt. Damals waren Sara und er ein Herz und eine Seele. Das Leben floß freudig und stark durch ihre Körper und Seelen, wenn sie sich küßten. Die Grenzen zwischen ihnen verloren sich in der Innigkeit ihrer Umarmungen – und sie fühlten sich, als wären sie innerlich eins.
Doch dieses kostbare Gefühl des inneren Einsseins war ihnen verlorengegangen.
Wie hatte es soweit kommen können? Wie konnten zwei Menschen, die zeitlose Stunden reinen Glücks miteinander erlebt hatten, sich so sehr voneinander entfremden? Vielleicht lag es daran, daß sie die seelische und emotionale Harmonie, die von Anfang an zwischen ihr und ihm gewirkt

hatte, im Alltagsleben nicht aufrechterhalten konnten? Jan und Sara empfanden in neun von zehn Punkten gleich oder ähnlich, zum Beispiel bei der Einschätzung anderer Menschen, aber es gab auch unübersehbare Meinungsverschiedenheiten, Diskrepanzen in der Betrachtungsweise mancher Lebensaspekte und Konflikte bei Fragen der Freizeitgestaltung. Sara liebte die heiße Sommersonne und aalte sich gern stundenlang in ihr, Jan suchte den Schatten. Sie wanderte gern und mochte Radtouren, er war allenfalls für Spaziergänge zu begeistern und fuhr längere Strecken mit dem Auto. Sie war unternehmungslustig und liebte das Reisen und Zelten, er neigte eher zu einer gewissen Bequemlichkeit. Die Liste ihrer unterschiedlichen Neigungen ließe sich noch um ein gutes Stück verlängern.

Sie verstanden es nur selten, aus diesen Merkmalen ihrer Individualität Gewinn zu ziehen, empfanden sie zumeist als Behinderung und so gut wie nie als Bereicherung, denn trotz ihrer relativen Unwichtigkeit stellten sie die Erfahrungen ihrer inneren Einheit infrage und schufen Verunsicherung. Wenn Sara etwa von einem Roman schwärmte, den Jan dann erwartungsvoll zu lesen begann, aber gelangweilt nach dem ersten Kapitel weglegte, entstand das von beiden so sehr gefürchtete Unbehagen. Jan sagte sich, daß es völlig normal und daher in keiner Weise besorgniserregend sei, wenn Sara und er unterschiedlich auf einen Roman reagierten, doch dabei hatte er das Gefühl, seinem Verstand näher zu stehen als seiner

Seele. Wenn er sich sagte, daß es nicht normal, sondern bedenklich sei, weil es auf tiefer liegende Unstimmigkeiten verwies, stand er seiner Seele näher als seinem Intellekt. Hatte dieses Unbehagen sich einmal zwischen ihnen etabliert, war es kaum mehr zu überwinden und warf einen dunklen Schatten auf all das Wunderbare, das sie gemeinsam erlebt hatten.

Sara hatte dazu einmal gesagt: „Wir haben eine unbewußte Art entwickelt, mit unseren schlechten Zeiten die guten zu zerstören."

Er hatte ihr trotz dieser etwas drastischen Formulierung nicht widersprochen, denn bei der nachträglichen Abwertung ihrer emotionalen Höhenflüge arbeiteten sie sehr wirksam miteinander: wie von einer selbstquälerischen Zerstörungslust getrieben, von einem fatalen Drang, das Schlechte als Mittel zur Herabsetzung des Guten zwischen ihnen zu benutzen.

Und dies, obwohl beide genau wußten, daß man die Erinnerungen an wertvolle, magische Stunden hochhalten sollte, nicht nur um ihrer selbst willen. Denn wer sich lebhaft an schöne gemeinsame Zeiten erinnert und dabei die Kluft zwischen wunderbarer Vergangenheit und schaler Gegenwart spürt, fragt sich, was ihn an das reizlose Gefühl

bindet, das die Gegenwart ihm vermittelt. Wo doch kostbare Erinnerungen zum Nachgenuß einladen und der Hoffnung Nahrung geben, daß die Seele im Nacherleben schöner Gefühle fähig sein kann, sie in die Gegenwart zu locken.

Doch wenn Jan mit Sara zusammen war, hingen sie allzu oft eigenen Gedanken nach, anstatt zu versuchen, eine schöne gemeinsame Atmosphäre entstehen zu lassen. Aus den unbedeutendsten Kleinigkeiten erwuchsen Mißverständnisse. Er las, und sie fragte ihn: „Ist dies das Buch?" Er wußte nicht, welches Buch sie meinte, aber sagte einfach ja, um nicht nachfragen zu müssen, um nicht schon wieder eine Disharmonie aufzudecken.

Etwas war seltsam: Manchmal, wenn er Sara intensiv anschaute, hatte er das Gefühl, als rückte sie von ihm ab, wie ein Bild, das immer kleiner wird, anfänglich noch das ganze Sichtfeld ausfüllt und nach und nach zusammenschrumpft.

Früher hatte Saras bloße Gegenwart ihm Kraft gegeben. Nun verlor er seine Kraft schnell, wenn er mit ihr zusammen war, fühlte sich müde und matt. Nichts gelang ihnen mehr. Sie schliefen nebeneinander ein, und er schreckte hoch, weil Geräusche im Zimmer ihn aus dem Schlaf gerissen hatten. Sara hatte nach einer Taschenlampe gesucht, weil sie nicht das Licht anmachen wollte, um ihn nicht zu wecken – und ihn eben dadurch geweckt.

Es gelang ihm einfach nicht mehr, Sara so intensiv zu lieben, wie er es früher gekonnt hatte. Seine Liebe zu ihr hatte ihre Bedingungslosigkeit verloren. Sie war nicht mehr das starke Schiff, das den höchsten Wellen trotzte, sie war ein Korken in der Brandung geworden. Doch er wußte, daß Liebe unberechenbar und unergründlich war, und stärkte mit diesem Wissen seine Hoffnung auf das Verschwinden der unsichtbaren Mauer. Was aus unerklärlichen Gründen seine Magie eingebüßt hatte, konnte sie auf ebenso unerklärliche Weise wiedergewinnen! Irgendwann würden sie sich wieder gegenübersitzen und lächelnd in die Augen schauen. Von einem Tag auf den anderen. Und alles würde wieder gut sein! Er mußte optimistisch und geduldig sein, so schwer es ihm auch fallen mochte.

Sara drückte ihre Nase zärtlich an Jans Hals und atmete seinen Hautgeruch ein. Er strich ihr über das Haar. Ganz seidig fühlte es sich an.
„Liebes, weiches Mädchen“, flüsterte er.
Sara kuschelte sich an ihn.
Sie war überraschend gegen acht gekommen. Hatte ein strahlendes Lächeln und Blumen mitgebracht, trug eine von ihnen im Haar. Es wurde ihr erster harmonischer Abend seit Wochen, und sie genossen ihn voller Dankbarkeit und so gut wie wortlos.
Später lagen sie lange in inniger Umarmung auf dem Bett.
Irgendwann sagte Jan: „Ich weiß nicht, warum es fort war, aber es ist wieder da.“
„Ja“, sagte Sara mit warmer, gelöster Stimme.

„Ich kann kaum glauben, daß wir uns gefragt haben, wie es weitergehen soll. Es scheint so weit zurückzuliegen."
Sie nahm seine Hand und drückte sie auf ihr Herz.
Er bedeckte ihr Gesicht mit Küssen.
„Sara", flüsterte er immer wieder.

DER VERLORENE PFEIL

Nachdem ihre Blicke sich gefunden hatten und länger beieinander blieben, als hätten sie ineinander etwas Bedeutsames entdeckt, ging Michael zu ihr und sprach sie an. Sie stand an eine Säule gelehnt, trug hellblaue Jeans und eine bestickte schwarze Samtweste. Ihre Stimme war weich und ruhig und blieb leise, als sie gegen die Musik anredete. Das gefiel ihm, obwohl er kaum ein Wort von dem verstand, was sie sagte.

Sie setzten sich an einen Tisch, wo die Musik nicht so laut war. Sprachen miteinander, als würden sie sich schon länger kennen. Es gab keine Fremdheit zu überwinden, kein Eis zu brechen. Er mochte ihre ernste Art zuzuhören. Ihn faszinierten ihre braunen, sanften Augen. Ihm gefiel ihr melodischer Vorname: Alina.

Da war ein Taschenbuch in ihrer Handtasche. Michael entdeckte es, als sie darin nach einer Packung Pfefferminzpastillen suchte.

Was für ein Buch das sei?

Der Steppenwolf von Hermann Hesse, ob Michael es kenne.

Ja, er kenne es, habe es schon zweimal gelesen, habe viel von Hesse gelesen. *Der Steppenwolf* sei eins seiner besten Bücher. Vor etwa zwei Jahren habe er Hesse noch kritiklos verehrt. Heute sehe er ihn ein wenig mehr aus der Distanz, ihn störe ein gewisser heilsbringender Tonfall, der sich manchmal bei ihm einschleiche, aber Hesse sei für ihn nach wie vor ein bedeutender Schriftsteller, dem er viel zu verdanken habe.

„Ich möchte Hesse gar nicht kritisieren, es würde mir nichts Gutes bringen“, bremste sie Michaels Wortschwall.
„Ich verstehe, was du meinst, aber wenn man einen Autor sehr gut kennt, bekommt man einen feinen Sinn für seine Schwächen, auch wenn man es eigentlich gar nicht will.“
Alina schaute zu Boden. „Kritisieren ist so einfach“, sagte sie leise.
„Da hast du recht“, gestand Michael zu, „aber man kommt manchmal nicht daran vorbei.“
Er wunderte sich, warum seine Worte so leer, so phrasenhaft klangen. Sie tauchten in Alinas Schweigen wie Fremdkörper ein. Michael spürte in diesem Moment zum ersten Mal, daß diese junge Frau die Gabe hatte, sich mit ihrem Schweigen intensiver und wirksamer auszudrücken, als redegewandte Menschen es mit den treffendsten Worten konnten.
Schau, sagte ihr Schweigen, Hesse ist für mich heilig, er hat mir mit seinen Büchern Wunderbares gegeben. Ich möchte nicht, daß du dir anmaßt, abwertend über ihn zu urteilen. Bitte zerstöre nicht leichtfertig das Bild, das ich von ihm habe! Es ist mein Bild, und ich liebe es.
Michael respektierte die Forderung ihres Schweigens, mehr noch, er kam sich mit einem Mal schäbig vor, so selbstgefällig über Hesse geurteilt zu haben. Hätte er nicht vor ein paar Jahren genauso wie Alina reagiert, wenn jemand diesem Schriftsteller auch nur ein Haar gekrümmt hätte?
„Hast du schon *Siddharta* gelesen?“ fragte er behutsam.

Alina nickte abwesend.
Ich habe einen Fehler gemacht, dachte Michael.
Nach einem zweistündigen Gespräch, in dem es ihm gelang, seinen Fehler wiedergutzumachen, lud Alina ihn zu sich nach Hause ein, nachdem eine Nähe zwischen ihnen entstanden war, die eine solche Einladung um zwei Uhr nachts ebenso selbstverständlich machte wie die Aufforderung zu einem Parkspaziergang am hellichten Tag. Sie entsprach auch Michaels Bedürfnis. Er wäre mit Unbehagen nach Hause gefahren, wenn ihre außergewöhnliche Begegnung durch einen so banalen Umstand wie das Schließen eines Musik-Clubs ein Ende gefunden hätte.
Alinas Zimmer war geschmackvoll und gemütlich eingerichtet. Sie saßen einander auf ihrem Bett gegenüber und sahen sich lange wortlos in die Augen. Einmal nahm er ihren Kopf zärtlich in die Hände, sie nahm seinen, und sie drückten ihre Stirnen leicht gegeneinander, eine kleine Ewigkeit lang. Alle Gedanken verschwanden aus seinem Kopf. Es war schön, intensiv, es war magisch.
Er ging, als die Magie nachließ, als er wieder zu denken anfing und spürte, daß er Schlaf brauchte. Sie wirkte überrascht, als er aufstand. Er sagte ihr, er sei zu müde, um zu bleiben, aber er käme bestimmt bald wieder. Sie schien enttäuscht zu sein, vielleicht hatte sie gehofft, daß er die Nacht mit ihr verbringen würde.

Am nächsten Abend klingelte er bei ihr und stieg die knarrende Holztreppe zum ersten Stock hoch. Alina stand

auf der Türschwelle und lächelte ihn an. Er spürte sein Herz pochen.

Alina hätte nicht gedacht, daß er schon so bald wiederkommen würde, sagte sie.

Michael auch nicht. Er hatte eigentlich zu Hause bleiben und den Roman *Ungeduld des Herzens* von Stefan Zweig weiterlesen wollen. Dann war sein eigenes Herz ungeduldig geworden.

Alina ging wortlos hinein, Michael folgte ihr und schloß die Tür hinter sich. Alles geschah wie von selbst.

Dann saßen sie sich auf dem Bett gegenüber, wie in der Nacht zuvor, und sahen sich schweigend und lange in die Augen, als wollten sie die Tiefe ihrer Seelen ausloten. Im Raum und in ihnen war es vollkommen still. Michael schüttelte fassungslos den Kopf. Immer wieder. Alinas Gesicht war so schön!

Er sagte es ihr. Sie lächelte. Um ihren Kopf herum begann es plötzlich hell zu flimmern – wie das Licht einer anderen, höheren Welt. Michael schloß ungläubig die Augen und öffnete sie wieder. Das magische Flimmern war noch immer da, hell und weißlich legte es sich jetzt auch über Alinas Gesicht. Erst über die Augen und dann über die Stirn. Jetzt bedeckte es ihr ganzes Gesicht.

„Dein Gesicht, Alina. Es ist ganz in Licht getaucht – helles, weißes Licht!"

Michael war wie geblendet. Er rieb sich die Augen, spürte, wie sich etwas Wunderbares zu entfalten begann. Er wollte etwas sagen. Etwas sehr Wichtiges.

In diesem Augenblick klingelte es an der Tür: laut, häßlich, durchdringend.
Michael zuckte zusammen. Alina schloß die Augen. Michael dachte: Bitte bleib sitzen! Alina öffnete ihre Augen. Michael dachte: Bitte steh nicht auf!
Alina stand nach kurzem Zögern auf und ging zur Tür.
Es war eine Freundin. Sie kam schwungvoll herein, grüßte und setzte sich gleich auf den Sessel. Sie merkte nichts, sagte irgend etwas Banales.
Michael rieb sich erneut die Augen. Alina sah ihn aufmerksam an.
Die Freundin wollte sich nur eine CD ausleihen. Alina bückte sich, um sie aus dem Regal zu ziehen. Michael hatte plötzlich das Gefühl, er bekäme nicht genug Luft. Er schloß die Augen und atmete tief ein. Alinas Freundin sah ihn verunsichert an. Sie nahm die CD aus Alinas Hand und sagte irgend etwas Unwichtiges. Niemand antwortete ihr. Alina wich ihrem fragenden Blick aus.
Spürte sie nicht, was sie zerstörte? Doch, sie spürte es, aber zögerte, als wollte sie nicht wahrhaben, daß sie zum falschen Zeitpunkt gekommen war. Schaute Alina mehrmals an und stand endlich auf. Verabschiedete sich so, als sei sie plötzlich in Eile.
Zu spät, dachte Michael, maßlos enttäuscht. Die Chance war zerstört. Er zündete sich eine Zigarette an.
Alina räusperte sich. „Ich habe ihr gesagt, sie könne sich die CD heute abend abholen. Sie wußte, daß ich zu Hause bin. Ich konnte sie nicht ignorieren."

Michael schwieg – wie er immer schwieg, wenn er enttäuscht war. Hätte er nicht geschwiegen, hätte er vielleicht gesagt: Natürlich hättest du sie ignorieren können. Sie wäre wieder gegangen und hätte diese wunderbare Chance nicht zerstört.

Er stand auf. Ich werde jetzt einfach gehen, dachte er. Als er die Tür erreichte, hörte er Alinas Stimme: „Bitte bleib noch!" Michael hörte es kaum, so leise hatte sie es gesagt. Er blieb stehen. Alina kam zu ihm und nahm seine Hand. Komm, sagte ihr Schweigen, komm zurück, wir versuchen es noch einmal. Michael hatte das Gefühl, als sei alle Kraft aus seinem Körper gewichen. Fast willenlos ließ er sich von Alina zurückführen. Er fühlte sich leer und traurig, um eine wunderbare Erfahrung betrogen.

Alina begann unvermittelt von ihrem Ex-Freund zu erzählen. Michael war gekommen, um mit ihr eine glückliche Gegenwart zu erleben, und nun lauschte er ihrer unglücklichen Vergangenheit. Die Zeit mit Sebastian, die fast ein Jahr lang so schön und harmonisch war. Doch dann, nach zehn Monaten: das andere Mädchen. Alina erzählte mit leiser, intensiver Stimme. „Sie sieht gut aus und hat gute Ansichten. Ich konnte verstehen, daß Sebastian sich in sie verliebt hatte. Aber sie dachte nur an sich. Sie wußte ganz genau, was zwischen ihm und mir war, und trotzdem hat sie … Sie hat so getan, als ob unsere Beziehung überhaupt nicht existierte. Und schließlich existierte sie auch nicht mehr. Ich habe hinterher einmal mit ihr geredet. Sie hat überhaupt nichts verstanden."

Als Alina ein Streichholz entzündete und zur Zigarette führte, sah Michael, daß ihre Hand zitterte.
„Dann bin ich ausgezogen, vor drei Wochen. Wir haben uns nur noch gestritten. Es war alles so kalt geworden. Ich konnte es einfach nicht mehr mit ihm aushalten. Und er wollte es auch, es sei besser für uns beide, sagte er. Er wohnt jetzt mit diesem Mädchen zusammen. Ich habe die beiden vorgestern in der Innenstadt gesehen, Arm in Arm. Ich wollte nicht, daß sie mich sehen, und versteckte mich in einem Hauseingang. Ich mußte mich am Treppengeländer festhalten, hab gezittert am ganzen Körper."
Michael hätte gern Alinas Kopf zwischen die Hände genommen, aber irgend etwas hielt ihn zurück.
„Du liebst ihn noch immer?"
Alina wich seinem Blick aus.
„Möchtest du wieder mit ihm zusammenleben?"
„Nein. Nein! Ich möchte das nicht noch einmal durchmachen! Es war einfach zuviel … Wir haben in einer Zweizimmer-Wohnung zusammengelebt. Jeder hatte sein eigenes Zimmer. Die Wand dazwischen war sehr hellhörig. Einmal hat sie ihn besucht, und sie haben …"
Sie sah zu Boden und preßte die Lippen aufeinander, als wollte sie ihren Mund verschließen.
Etwas in Michael riet ihm, ihr abruptes Schweigen zu akzeptieren. Doch dann ging die Neugier mit ihm durch und ließ ihn fragen: „Was haben sie?"
„Sie haben sich nicht zurückgehalten. Ich saß wie gelähmt auf meinem Bett und mußte alles mithören."

„Warum bist du nicht weggegangen?"
„Ich konnte einfach nicht fassen, daß er mir das antut! Meine Fassungslosigkeit hat mich gelähmt. Es war schrecklich. Am nächsten Tag habe ich ihn darauf angesprochen. Er sagte, weil wir zusammenwohnen, heißt das für ihn nicht, daß er in der Versenkung verschwinden muß. So hat er es ausgedrückt."
„Hatte er kein schlechtes Gewissen?"
„Nein, er hat sich nicht mal entschuldigt. Danach bin ich immer sofort weggegangen, wenn sie ihn besuchte. Ich dachte, ich hätte nicht das Recht, ihm seine Freiheit zu nehmen. Ich hoffte, er würde das Interesse an ihr verlieren. Daß es nur ein Strohfeuer ist. Aber das war es nicht. Die letzten Wochen in der Wohnung mit ihm – das schaffe ich nicht nochmal. Und keiner kann dir beistehen! Wenn du so tief unten bist, bist du allein, ganz allein. Dann kommen Freunde und versuchen, dir zu helfen. Was sie dir sagen, ist lieb gemeint und soll ermutigen, aber du möchtest sie am liebsten dafür rausschmeißen!"
Von Alinas Zigarette fiel Asche auf ihre Bluse. Sie bemerkte es nicht. Ihre Stimme klang bitter und resigniert, als sie sagte: „Wenn ich tot wäre – nach drei Wochen hätten mich alle vergessen."
„Denkst du manchmal ans Sterben?" fragte Michael.
„Eigentlich nicht. Aber in den letzten Wochen habe ich es getan. Du erreichst einen bestimmten Punkt, und plötzlich brauchst du das Spiel mit der Möglichkeit, einfach zu sterben. Es hilft dir zu erkennen, was du dir noch wert bist."

„Und was bist du dir noch wert?“
Sie sah ihn an, als hätte er die falsche Frage gestellt.
„Suizid ist keine Lösung bei Liebeskummer“, sagte Michael.
„Das hat mir schon mal jemand gesagt – aber richtig begründen konnte er es nicht. Kannst du es?“
Michael schaute ihr in die Augen und hatte das Gefühl, in einen tiefen, dunklen Abgrund zu sehen.
„Alina, ich glaube, ich kann dir nicht geben, was du brauchst.“
„Und was brauche ich?“
„Jemanden, der dir solche Gedanken nimmt. Ich fürchte, ich bin nicht gut darin. Ich hatte mal eine Freundin, die nach dem Tod ihrer Mutter keine Freude mehr am Leben empfand. Ich habe versucht, sie aus ihrer Depression zu ziehen, aber es ist mir nicht gelungen.“
„Hast du sie geliebt?“
„Es war nicht die große Liebe, aber ich habe sie sehr liebgehabt. Doch was ich auch tat und sagte, um ihr zu helfen, sie zerstörte es, als wollte sie im Grunde keine Hilfe. Irgendwann hatte ich keine Kraft mehr und gab auf.“
Alina sah auf den Boden und schwieg. In ihr Schweigen wuchs etwas Fragendes, Forschendes hinein. Einmal schien sie etwas sagen zu wollen, aber sie strich sich über die Lippen, mit einer so heftigen Bewegung, daß Michael fast erschrak.
Sie hob den Kopf und sah ihn an. Er verspürte ein beengendes Gefühl auf der Brust, die Luft im Zimmer ließ

sich nicht mehr so leicht atmen. Ihr Schweigen, das seinen Worten gefolgt war, hatte etwas Beklemmendes bekommen. Das Schweigen durchbrechen, egal wie, formten sich seine Gedanken.
„Ich fühle mich stark von dir angezogen“, sagte er. „Es ist ein sehr schönes Gefühl. Aber ich spüre auch einen Abgrund in dir, der mir angst macht.“
Alina warf ihm einen befremdeten Blick zu, als hielte sie seine Worte für eine Art Ausrede.
Schau mich bitte nicht so an, dachte Michael. Und wieder dieses lange Schweigen. Sie ist eine Meisterin im Schweigen, erkannte er, im Schweigen werde ich ihr immer unterlegen sein.
Und dann dieser Wechsel zwischen Himmel und Hölle. Vor dem Besuch ihrer Freundin noch Alinas Engelsgesicht, die Magie dieses Anblicks, diese Reinheit, diese kaum zu fassende Schönheit. Und jetzt der unangenehme Geruch des Aschenbechers, Alinas Gesicht so nachdenklich, so ernst und so weit weg. Und dieses erbärmliche Schweigen.
Warum saß er noch hier, warum war er nicht längst schon gegangen? Michael stand auf. Ein paar Schritte, dann fühlte er die Türklinke angenehm kühl in der verschwitzten Hand. Er suchte Alinas Blick.
„Ich möchte jetzt gehen.“
Sie reagierte nicht auf seine Worte.
Ich kann so nicht gehen, dachte er, warum muß sie es mir so schwer machen? Wir hatten einen magischen

Faden in den Händen, und er ist gerissen – das ist alles!
„Trotz allem", sagte er, „hat mir unsere Begegnung etwas sehr Schönes, etwas sehr Wichtiges bestätigt! Es …"
„Ja", fiel Alina ihm ins Wort. „Dich!"
Was hat sie da gesagt? Und wie sie es gesagt hat! Warum tut sie das? Er starrte Alina bestürzt an, nahm ihr Erschrekken über seinen Blick kaum wahr, riß die Tür auf und stürzte aus ihrem Zimmer, nur weg, hörte ihr trockenes, gepreßtes „Entschuldige" noch und doch nicht mehr, nur weg von hier, hastig den dunklen Treppenflur mit den schmalen Stufen hinunter und endlich: die Straße, Lichter, Menschen, Luft zum Atmen. Er ging durch die abendlichen Straßen, ohne Gefühl für das Leben um ihn herum und doch beruhigt von seiner anonymen Gegenwart, lief ziellos umher, vorbei an Menschen, parkenden Autos, Schaufenstern, Wohnhäusern. Überlegte nie an Straßenkreuzungen, blieb nie stehen. Er mußte in Bewegung bleiben, etwas in ihm zwang ihn dazu. Nur immer weiter, weiter, weiter.

„Ja. Dich!"

Alinas Worte hallten in seinem Bewußtsein nach. Er bekämpfte sie mit jedem Schritt, jeder Meter brachte ein Stück mehr Entfernung, nur weitergehen, immer schneller, jetzt rennen, Distanz gewinnen, schneller rennen, nur weg von diesen mit soviel Verbitterung ausgesprochenen Worten, die ihr Ziel verfehlt und ihn dennoch getroffen

hatten. Es ging doch nicht um so etwas wie Selbstbestätigung! Er hatte Alina sagen wollen, daß die Begegnung mit ihr ihm bestätigt hatte, wieviel Schönheit und Magie zwischen zwei Menschen möglich ist.
Irgendwann stand er vor seinem Auto. Er schloß die Tür auf und fuhr langsam nach Hause. Soviel Bitterkeit in nur zwei Worten!
Michael erkannte intuitiv, daß dieser Hieb nicht ihm gegolten hatte. Das war ein blindes Drauflosschlagen gewesen von einer Frau, die zuviel Demütigung und Verzweiflung, Enttäuschung und Kummer in sich angestaut hatte. Er war ganz einfach in die Reichweite einer gequälten, blind um sich schlagenden Seele geraten – schutzlos, vertrauensvoll, ohne jegliche Deckung.

Zwei Tage darauf lag ein Brief ohne Absenderangabe auf dem Umschlag in Michaels Briefkasten.
„Ich werde Dich nie vergessen! Ich fühle mich heute einfach so überwältigend glücklich, ich könnte alle Menschen umarmen. Ich überlege jetzt auch nicht, ob es richtig ist oder nicht, Dir zu schreiben.
Ich glaube einfach, ich muß Dir meinen vollendeten Zustand mitteilen, weil Du daran nicht ganz unschuldig bist. Alles, was ich schreibe, kann Dir kaum sagen, wie ich mich fühle, es gibt keine so schönen Worte, um es auszudrücken. Ich finde es wundervoll, daß es Dich gibt, daß es jemanden wie Dich gibt. Ja wirklich, es gibt noch Menschen, denen man vertrauen kann, an die man glauben kann. Es muß

immer nur einer da sein, der es uns bestätigt. In meinem Fall Du. Ich glaube, Hesse wäre glücklich gewesen, wenn er Dich gekannt hätte.
Meine Schrift kannst Du hoffentlich entziffern. Meine Gedanken rauschen mir durch den Kopf, und ich versuche, alle festzuhalten, so gut es geht. Du würdest es spüren, läge Deine Hand auf meinem Haar.
Du hast etwas mit der Sonne gemeinsam: Wenn Du kommst, dann strahlst Du. Es tut mir sehr weh, daß ich Dich so verletzen mußte, aber es ist gesagt. Ich glaube an Dich, und deshalb wirst Du mir verzeihen; ich glaube, ich darf das so bestimmt sagen. Es gibt etwas, das wir nie verlieren dürfen, und das sind Menschen wie Dich. Menschen, die uns glücklich machen können. Ich kenne Dich noch nicht sehr lange, aber ich glaube trotzdem, Dich sehr gut zu kennen.
Ich sehe Dich mit dem Herzen. Ich mag Dich sehr, sehr gern und hoffe, damit nichts in Dir oder Deiner Welt zu zerstören. Bitte lies den Brief einmal, wenn Du Dich sehr schön fühlst. Ich glaube, Du kannst mich dann viel besser verstehen.
Ich umarme Dich. Alina.“
Michael lächelte, als er den Brief auf den Schreibtisch legte und eine Weile in sich nachwirken ließ. Welch eine Überraschung! Eine bis ins Mark verbitterte junge Frau schreibt einen wundersam süßen Brief. Sie, die schon berechnet hatte, wie viele Wochen nach ihrem Tod ihre Freunde sie vergessen haben würden, war auf einmal überwältigend glücklich.

Michael las Alinas Brief noch einmal, denn er fühlte sich jetzt sehr schön.
Nun war alles wieder im Gleichgewicht. Alina hatte ihn erniedrigt und erhöht. Sie würde ihn, wenn er sie ließe, wohl immer aufs neue zwischen Himmel und Hölle pendeln lassen.

Drei Tage später, in der Innenstadt, stöberte Michael in den Ständern, die eine Buchhandlung auf den Gehweg gestellt hatte. Zog hier und da ein Taschenbuch heraus, um es nach näherer Begutachtung wieder zurückzustellen.
Als er Hermann Hesses Erzählung *Klein und Wagner* entdeckte und in die Hände nahm, mußte er unwillkürlich an Alina denken. Er schlug das Buch auf und las ein paar Sätze. Es war die Stelle, an der die gelbhaarige Frau versucht, sich über die Identität Kleins Gewißheit zu verschaffen. Klein sagt ihr darauf, Reden sei der sichere Weg dahin, alles mißzuverstehen, alles seicht und öde zu machen. Michael dachte, daß dieser eine Satz schon den Preis des ganzen Buches wert war, und nahm sich vor, es bald noch einmal zu lesen. Er hatte es gerade zurückgestellt, als etwas ihn veranlaßte, sich umzudrehen.
Alina mußte ihn schon eher entdeckt haben. Sie stand einige Schritte entfernt vor einem anderen Buchständer und sah ihn mit gespannter Aufmerksamkeit an. Als ihre Blicke sich trafen, mußte Michael an einen beeindruckenden Aphorismus der Marie von Ebner-Eschenbach denken: Der Zufall ist die in Schleier gehüllte Notwendigkeit.

Wenn es notwendig ist, die Beziehung zu Alina nicht abzubrechen, dachte er, werde ich ihr noch eine Chance geben. „Ich habe gerade in einem Buch von Hesse gelesen und mußte an dich denken. Und da bist du!“ sagte er und ging zu Alina. Sie lächelte. Ein ungeschickter Passant rempelte sie von hinten an. Ihr Lächeln bekam dadurch etwas Verlorenes.

„Hast du meinen Brief gelesen?“ fragte sie.

Michael nickte. „Laß uns in den Park gehen.“

Bis zum Stadtgarten waren es keine zehn Minuten. Sie gingen ohne Worte nebeneinander her. Alinas Schweigen war im Grunde ein hoher Grad von Gegenwärtigkeit und Aufmerksamkeit, der es Michael unmöglich machte, etwas Unwichtiges oder Überflüssiges zu sagen. Ihr Schweigen reduzierte ihre Kommunikation ebenso sanft wie unwiderstehlich auf das Wesentliche.

Es waren viele Leute auf den Straßen an diesem Nachmittag, sicherlich lag es an dem schönen Wetter. Vor dem Überqueren einer Straße hielt Michael Alina sanft am Arm fest, weil sie ein heranfahrendes Auto nicht wahrzunehmen schien.

Im Park setzten sie sich auf eine Bank, an einer Stelle, wo selten Spaziergänger vorbeikamen.

„Das war schon seltsam, eben vor dem Buchladen. Ich mußte plötzlich an dich denken, und du standst hinter mir – als hätte ich deine Nähe gespürt.“

Alina lächelte. „Wann hast du den Brief bekommen?“

„Vor drei Tagen.“

Sie schien etwas fragen zu wollen, aber blieb still und zündete sich eine Zigarette an.
„Du rauchst viel“, stellte er fest.
Sie zuckte mit den Schultern.
„Du hast mir weh getan“, sagte er leise.
„Ja, ich weiß.“ Sie sprach leise und langsam. „So stark wie du hat noch niemand reagiert. Ich weiß nicht, warum ich es sagen mußte. Es tut mir unheimlich leid, daß es gerade dich getroffen hat.“
„Schon gut“, antwortete Michael, ohne zu wissen, ob es auch wirklich gut war.
Alina sah auf ihre Uhr, warf die halb aufgerauchte Zigarette auf den Boden und drückte sie gewissenhaft mit der Schuhsohle aus. „Gehen wir?“ fragte sie.
„Ich würde sehr gern noch bleiben. Es ist so schön ruhig hier.“
„Ich muß um fünf zu Hause sein. Mein Bruder kommt mich besuchen.“
Sie stand auf, er blieb sitzen.
„Tschüs, Michael“, sagte sie und ging.
„Alina?“
Sie drehte sich um.
„Wenn ich dich sehen möchte, kann ich dann bei dir vorbeikommen?“
Sie lächelte. „Du kannst immer kommen.“

Michael kam am übernächsten Abend.

Als Alina ihn die Treppe hochsteigen sah, lachte sie auf, drehte sich einmal im Kreis und sagte, sie würde sich so freuen. Sie lachte selten. Aber wenn sie lachte, verwandelte sie alles um sich herum.
Sie stellten bald fest, daß sie Hunger hatten, und gingen in ein Restaurant. Nach dem Essen tranken sie Wein, und Michael redete viel. An diesem Abend wurde ihm bewußt, welch wunderbare Zuhörerin Alina war. Sie nahm seine Worte mit gleichbleibend hoher Aufmerksamkeit auf, ohne sie auf irgendeine Weise zu beurteilen. Sie gab ihm nie das Gefühl, etwas Überflüssiges oder Banales zu sagen, für sie war alles, was er ihr erzählte, von gleicher Bedeutung.
Es geschah auf dem Rückweg vom Restaurant, kurz vor Alinas Haustür. Michael war schweigsam geworden, er hatte sich freigeredet. Zum ersten Mal an diesem Abend spürte er wieder Alinas ruhige, starke Ausstrahlung und ließ sich ohne Widerstand von ihr durchströmen. Er schloß im Gehen einige Sekunden lang die Augen und konzentrierte sich ganz auf Alinas unerklärlich intensive Nähe.
Als er die Augen wieder öffnete, hatten sich alle Lichter der abendlichen Straße zu einer geheimnisvollen magischen Einheit zusammengeschlossen. Die Straße wurde zu einem glitzernden Tunnel mit einer zauberhaften Atmosphäre. Es war, als sei er durch Alinas Nähe in eine andere, traumhafte Wirklichkeit versetzt worden, und er hatte das gleichermaßen herrliche wie beängstigende Gefühl, den Boden unter den Füßen zu verlieren. Haltsuchend lehnte er sich gegen das Schaufenster eines Geschäfts und spürte,

daß sich etwas in ihm verändert hatte. Er fühlte sich geschwächt und zugleich wunderbar bereichert, fühlte sich erlöst, stark und dabei hilflos wie ein kleines Kind. Alina, er spürte sie dicht neben sich, und in dem zeitlosen Augenblick dieses Gefühls war er der glückselige Sklave einer überwältigenden Macht und lehnte am ganzen Körper zitternd an ihrer Schulter.

„Was ist los?“ flüsterte sie.

Sie kann zaubern, dachte Michael atemlos, sie ist eine Zauberin, aber sie weiß es nicht.

„Michael, was ist los?“

„Ich kann ... jetzt nicht sprechen.“

„Magst du noch auf einen Tee mit zu mir kommen?“

Er nickte.

Sie saßen schon eine Weile schweigend auf Alinas Bett, als Michael impulsiv sagte: „Ich möchte dich kennenlernen“, worauf sie antwortete: „Das schaffst du nie!“

Ihre Antwort berührte ihn seltsam, weil er hinter ihr eine Einsamkeit spürte, für die er Alina zugleich bewunderte und bemitleidete.

„Ich bin zu dir immer ehrlich gewesen und will es auch in Zukunft sein. Du bist der einzige Mensch, in dessen

Gegenwart ich so sein kann, wie ich wirklich bin", sagte sie zu ihm, bevor er ging.
Erst auf dem Weg nach Hause merkte er, was sie ihm damit gesagt hatte.
Am nächsten Tag wollten sie in die Natur hinausfahren.

Sie setzten sich in Michaels Auto und fuhren los.
„Wunderschönes Wetter", sagte er nach einer Weile.
Alina sah auf ihre Knie und schwieg.
„Was ist los, Alina?"
„Ich muß um sechs wieder zuhause sein."
Ich bremse und fahre sie wieder zurück,
war Michaels erster Gedanke.
„Warum?" fragte er.
„Sebastian will mich um sechs besuchen. Ich möchte nicht, daß er vergeblich kommt."
Michael verstand nicht, warum Alina sich von Sebastian besuchen ließ, nach allem, was er ihr angetan hatte. Er verstand noch weniger, warum sie wegen Sebastian ihren Ausflug ins Grüne, auf den er sich so gefreut hatte, zeitlich begrenzte. Doch er fragte sie nicht nach ihren Gründen. Er versuchte, sich seine Enttäuschung nicht anmerken zu lassen, und sah auf seine Uhr. Sie hatten nur zwei Stunden Zeit.
„Fahr an der nächsten Kreuzung links", sagte Alina, „ich kenne da eine sehr schöne Stelle."
Der Ort hielt, was Alina versprochen hatte. Sie setzten sich ins hohe Gras.

Warum bin ich nicht sofort umgekehrt, dachte Michael, warum lasse ich mich von ihr immer wieder in zwei Hälften spalten? Was suche ich bei ihr?
Ein leichter Wind kam auf. Michael schloß seine Jacke.
Alina hielt den Kopf gesenkt und bewegte sich nicht. Sie saß wie eine Statue.
Michael war verwirrt und wartete auf seine Chance. Wartete auf den Augenblick, in dem er sich Alina offenbaren konnte, um in dem Spiegel ihrer seelischen Resonanz erkennen zu können, wo und wie er zu ihr stand.
Er sah sie von der Seite an. Wie schön sie war! Er konnte seinen Blick nicht von ihr nehmen. Komm, dachte er mit aller Intensität, nur du kannst uns jetzt befreien, spürst du es nicht? Nur eine Geste, nur ein Wort von dir, und wir sind erlöst von diesem quälenden, lähmenden Schweigen.
Er wartete und wartete. Aber nichts geschah.
Wir sitzen in dichtem Nebel und sehen uns nicht, dachte er.
Als Alina sagte, es sei Zeit zu gehen, nickte er nur.

Zu Hause lag er lange auf dem Bett und versuchte, seiner quälenden inneren Unruhe Herr zu werden. Immer wieder kehrten seine Gedanken zu der Situation auf der Wiese zurück. Er sprang auf und lief sinnlos umher, öffnete das Fenster, um es sofort wieder zu schließen, legte sich schließlich wieder aufs Bett.
Wie hatte er gewartet! Er, dem kaum etwas verhaßter war als Warten. Wie hilflos hatte er sich gefühlt! Er, dem kaum etwas unwillkommener war als Hilflosigkeit.

Als er an die Stunde dachte, in der sie im Gras gesessen und so gut wie kein Wort gewechselt hatten, kam ihm ein Gedanke in den Sinn: Wir tragen die volle Verantwortung für alles, was nicht passierte.
Ja, auch er trug die Verantwortung dafür, daß nicht geschehen war, was hätte geschehen können. Doch ihm waren die Hände gebunden gewesen, die Zunge gelähmt. Er hatte nichts gekonnt als warten, auf ein Zeichen warten, auf einen mutigen Blick von Alina, der die Tür hätte öffnen können – aber Alinas Blick galt ihren Zweifeln und der Verabredung mit ihrem Ex-Freund. Für ein Rendezvous mit ihrer Vergangenheit hatte sie die Chance der Gegenwart ungenutzt gelassen. Hatte zu Boden gestarrt, tief verloren in ihrer statuenhaften Schönheit.
Wie hatte sie die Situation einem Bogen gleichen lassen, der aufs äußerste gespannt wird! Michael dachte: Ist das nicht das treffendste Bild für unsere Beziehung? Wir spüren die verheißungsvollen Kräfte, die durch das Zusammenwirken unserer Seelen entfesselt werden, wir fühlen überdeutlich, wie der Bogen zu einem großen, befreienden Schuß gedehnt wird – aber es ist eine Kraftanspannung ohne Sinn und Ziel. Denn es fehlt der Pfeil.
Michael glaubte, daß der Pfeil verlorengegangen war – in dem unglücklichen Moment, als Alinas Freundin klingelte und sie aufstand, um ihr die Tür zu öffnen. Wäre sie sitzen geblieben in diesem entscheidenden Augenblick, wäre womöglich alles ganz anders gekommen. Der Pfeil wäre vielleicht geflogen – und hätte alles verändert.

In der Nacht hatte er einen seltsamen Traum. Er schlug mit einem hauchdünnen Seidentuch auf Alinas Schulter ein und sah ihr dabei unentwegt ins Gesicht. Sie schien von alledem nichts zu merken, als sei sie in einer anderen Welt. Sie nahm nicht wahr, was er tat, sie nahm ihn nicht wahr. Er wollte sie unbedingt auf sich aufmerksam machen, wollte ihren Namen rufen, aber seine Stimme war gelähmt. Er konnte sie nur schlagen mit seinem Seidentuch, immer schneller, immer verzweifelter, doch er erreichte sie nicht. Unvermittelt verschwand sie – und mit ihr sein Traum.

Als er erwachte, verstand er den Traum als eine Reaktion auf den gestrigen Nachmittag. Was er Alina offenbaren wollte, war zart und fein wie Seide, aber sie spürte es nicht, selbst wenn er damit auf sie einschlug. Ich glaube, dachte er, ich werde nicht mehr zu Alina gehen.

Der Grund dafür, daß er sie trotzdem noch einige Male besuchte, war die Hartnäckigkeit seiner Hoffnung auf die Erfüllung einer Ahnung – der Ahnung einer wunderbaren, befreienden seelischen Erfahrung, die er nur mit Alina machen konnte. Doch seine Hoffnung erfüllte sich nicht. Michael und Alina konnten den Schlüssel der Tür zu dem magischen Raum ihrer Möglichkeiten nicht mehr wiederfinden.

Das war ihnen bewußt, aber sie versuchten, es von ihren letzten Begegnungen auszuschließen, bis es sich schließlich so weit in den Vordergrund gedrängt hatte, daß sie keine seelische Bewegung mehr machen konnten, ohne sich daran zu stoßen.

Ihr Zusammensein hatte sich verändert, ihre Sprache war herausfordernder, ihr Schweigen ungeduldiger geworden. Und schließlich wußten beide, daß ihre Zeit vorbei war. Sie beschlossen, sich nicht mehr zu treffen, denn die Aussichtslosigkeit ihrer Begegnungen betrübte und bedrückte sie nur noch.

Nach dem endgültigen Abschied von Alina ergriff eine ungekannte Kraftlosigkeit Besitz von Michaels Körper und Seele. Er litt unter dem Schmerz, etwas Bedeutendes verloren zu haben. Die Gewißheit, daß er es nie gewonnen hatte, konnte ihn nicht trösten. Er fühlte sich schwach und matt wie ein Kranker, blieb bis in die Mittagsstunden im Bett, schwänzte alle Seminare und Vorlesungen und verließ sein kleines Apartment nur zum Einkaufen von Lebensmitteln.
Nach einer Woche flossen ihm neue Lebenskräfte zu, die er wie ein großes, überraschendes Geschenk dankbar annahm. Erst jetzt konnte er es schätzen, befreit von dem Drang zu sein, bei Alina etwas zu suchen, das nicht gefunden werden wollte oder sollte, zumindest nicht von ihm: endgültig befreit zu sein von den Hoffnungen, die sich als Illusionen erwiesen hatten.
Der April war vorüber. Kein anderer Monat hätte seine Gefühle zu ihr besser symbolisieren können.

DIE HEIMKEHR

Zu Marios wenigen Gewohnheiten gehörte es, jeden Freitagnachmittag einen Lottozettel im Tabakwarengeschäft an der Straßenecke abzugeben. Er tat dies immer mit einem inneren Kopfschütteln über sich selbst, denn als eingefleischter Nonkonformist fühlte er sich über den typischen Bürgertraum vom plötzlichen Reichtum erhaben. Was hatte der Philosoph Diogenes, der in einer Tonne am Strand lebte, noch zu Alexander dem Großen gesagt, als dieser ihm einen Wunsch freistellte: Geh mir aus der Sonne!

Eine imponierende Antwort! Diogenes hätte für einen Lottospieler sicher nur ein müdes Grinsen übrig gehabt. Und immer wieder mußte Mario über sich selbst schmunzeln, wenn er seine Kreuze auf dem Lottoschein machte. Es war eine seiner Widersprüchlichkeiten, denn im Grunde hatte er kein besonderes Verlangen nach Geld. Er nahm es hin als ein notwendiges Übel. Als Student der Ethnologie war er gezwungen, mit kleinen Scheinen über die Runden zu kommen, und es gelang ihm gut.

Als er an einem Freitag um kurz vor sechs Uhr durch einen heftigen Regenschauer rannte, um seinen Lottozettel noch vor Ladenschluß abgeben zu können, kam er sich ein bißchen lächerlich vor und wäre auf halbem Weg fast umgekehrt. Doch nasser als er war, konnte er kaum werden, und so lief er weiter.

Nach der Ziehung der Lottozahlen am nächsten Abend saß er bis nach Mitternacht wie versteinert ungläubig vor seinem kleinen Fernseher. Erst als die siebenstellige

Gewinnsumme auf sein Girokonto überwiesen worden war, begann er sein Glück zu fassen.
Zwei Wochen später entschloß er sich, sein Studium auf Eis zu legen und eine zweijährige Weltreise zu machen. Danach wollte er weitersehen. Er war so ziemlich das Gegenteil eines Planers, sondern ließ die Dinge gern auf sich zukommen. Die ganze Welt stand ihm offen, das daraus entstehende Freiheitsgefühl begann ihn zu berauschen. Die Vorfreude auf die Abenteuer, die ihn erwarteten, erfüllte ihn mit überschäumendem Optimismus.

Als Mario im Alter von fünfunddreißig Jahren in seine ehemalige Studentenstadt zurückkehrte, waren anderthalb Jahrzehnte vergangen. Die Faszination des unbeschwerten Reisens hatte ihn tiefer und tiefer in ihren Bann gezogen und schließlich nicht mehr losgelassen. Er hatte in dieser Zeit mehr von den Menschen und der Welt gesehen und verstanden als andere in einem ganzen Leben.
Nun war er an den Ausgangspunkt seiner Reise zurückgekommen und schlenderte wieder die Straßen entlang, durch die er vor langer Zeit als Student gegangen war. Sein Weg führte ihn in die Straße, in der er damals gewohnt hatte. Er ging an dem Geschäft vorbei, zu dem er seinen Lottozettel mit den sechs richtigen Kreuzen durch den Regen getragen hatte. Es war kein Tabakwarengeschäft mehr, sondern eine Änderungsschneiderei.
Dann stand er vor dem Haus, in dessen Dachgeschoß er sein zweijähriges Studentendasein gefristet hatte, und

starrte die Fassade an. Wer war er damals gewesen, wie hatte er gedacht und gefühlt? Er konnte sich nur noch vage an diese Phase seines Lebens erinnern. Zuviel hatte er seitdem erlebt und wieder vergessen, um Raum für neue Erlebnisse zu schaffen. Der Hunger nach faszinierenden Erfahrungen, die Sehnsucht nach starken Gefühlen hatten ihn von Ort zu Ort, von Land zu Land, von Kontinent zu Kontinent getrieben. Und nie hatte er gezögert, wenn das Leben ihm ein Angebot machte, das ihn interessierte, so hoch der Preis auch schien.

Sein Vermögen war dabei auf der Strecke geblieben. Der Lottokönig hatte seine Schatzkammer geplündert, um seine Sehnsucht nach intensiven Lebensgefühlen zu finanzieren. Jetzt war er wieder ein armer Schlucker, wie damals – nur fünfzehn Jahre älter, ohne Bleibe, ohne Ausbildung, ohne Zukunftsperspektive.

Mario bog in die Straße ein, die zu dem kleinen Park führte, in den er als Student immer gegangen war, wenn er zur Ruhe kommen wollte. Die Dämmerung setzte ein, aber die Wärme des Tages lag noch in der Luft. Mario ging mit langsamen Schritten in den Stadtgarten.

Nach einer Weile verließ er spontan den Weg und ging über eine Wiese auf die stattliche Eiche zu, an der die Zeit spurlos vorbeigegangen zu sein schien. Er setzte sich in das kniehohe Gras und lehnte sich mit dem Rücken an den Baumstamm. So hatte er als Student manchmal gesessen, wenn ihm das Gefühl für sich selbst abhanden gekommen war, oder wenn es etwas zu entscheiden gab, wofür er einen klaren Kopf brauchte. Mario erinnerte sich mit einem traurigen Gefühl an die freudige Naivität, mit der er damals seine Odyssee um den Erdball begonnen hatte. Seine Illusionen waren unwiderruflich dahin. Er hatte fünfzehn Jahre lang versucht, dem Leben die süßesten Säfte auszupressen – und einen bitteren Nachgeschmack in der Seele zurückbehalten.

Immer aufs neue hatte er das Glück in der Liebe gesucht, doch die Liebe schien eine falsch konstruierte Wippe zu sein. Ein wirkliches Gleichgewicht zwischen Mann und Frau war offensichtlich nicht zu erreichen – abgesehen von den seltenen Sternstunden, die immer zu schnell vergingen. Und das war Mario zu wenig. Die Liebe hatte ihn enttäuscht, sie hatte sich als der falsche Weg zu dem Glück erwiesen, das er gesucht hatte. Er hatte lange gebraucht, um das herauszufinden. Der Glaube an die rettende, erfüllende Kraft der Liebe war seine hartnäckigste Illusion gewesen – der Strohhalm, an den er sich geklammert hatte, um nicht im grauen Meer der Realität unterzugehen.

Was blieb noch übrig? Er hatte alles ausprobiert, und es hatte nicht genügt. Was er suchte und brauchte, schien nur in seinen Träumen zu existieren, nicht in dieser Welt, nicht in diesem Leben.

Schon seit Monaten suchte Mario nicht mehr. Er schaute Frauen, die ihm auf der Straße auffielen, nicht mehr forschend ins Gesicht. Was sie ihm geben konnten, wußte er. Und auch, was sie ihm nehmen konnten. Er fühlte sich wie ein Spieler, der alle Variationsmöglichkeiten, die sein Spiel

ihm bieten konnte, restlos ausgeschöpft hatte. Er konnte sich über nichts mehr so recht freuen und über nichts mehr wirklich traurig sein – nicht einmal mehr über seine Gefühllosigkeit. Die lange, erfolglose Suche nach dem Ziel seiner Sehnsucht hatte sein Herz müde, empfindungslos gemacht.
Aber hatte er wirklich alles versucht? Gab es nicht etwas, das er versäumt oder übersehen hatte? Vielleicht war er nicht zur richtigen Zeit am richtigen Ort gewesen. Womöglich hatte er nicht die richtigen Menschen kennengelernt. Wahrscheinlich waren seine Ansprüche ans Leben und an die Liebe ein Stück zu groß geraten. Selbst mit dem Wind eines prallen Lottogewinns in den Segeln hatte er nicht die Küste des Glücks erreichen können. Manche kleinen Träume waren Wirklichkeit geworden, doch Marios tiefe Sehnsucht nach einer Liebe, die Tag für Tag verzaubert und das Paradies auf Erden herstellt, war unerfüllt geblieben.
Er seufzte.

In diesem Augenblick räusperte sich jemand über seinem Kopf. Er legte den Kopf in den Nacken und sah ins Geäst der Eiche hoch.
Im Dämmerlicht erschien sie ihm wegen ihrer Körpergröße zuerst als ein Mädchen, da er ihr Gesicht nicht klar erkennen konnte. Sie saß auf einem Ast, ein paar Meter über ihm, und schien zu lächeln. Sie mußte schon die ganze Zeit dort gewesen sein.

„Wer bist du?“ fragte Mario – schroffer, als er gewollt hatte. „Warum versteckst du dich?“
Sie lachte. Es war das Lachen einer jungen Frau. „Du verdrehst die Fakten“, sagte sie in amüsiertem Ton. „Ich verstecke mich nicht. Du hast mich nicht gesehen, das ist etwas anderes! Ich sitze öfter in Bäumen, das gibt mir ein gutes Gefühl.“
Zu seiner eigenen Überraschung stand Mario auf, griff spontan nach dem niedrigsten Ast und kletterte zu der Frau hoch. Ihr war nicht anzumerken, was sie davon hielt. Neben ihr sitzend überragte Mario sie um Kopfeslänge. Er wagte einen kurzen Seitenblick auf ihr Gesicht: hübsch, soweit es im Dämmerungslicht erkennbar war. Eine hübsche, kleine Frau, die gern auf Bäume kletterte!
Nach einer Weile wandte sie ihm ihr Gesicht zu: „Na, wie gefällt es dir hier oben?“
Sie hatte eine angenehme, melodische Stimme, in der etwas mitschwang, das ihn hellhörig machte. Mario wußte nicht, welche Antwort er ihr geben sollte, und mußte unwillkürlich lachen.

„Warum lachst du?“
„Keine Ahnung.“
Der jungen Frau schien seine Auskunft zu genügen. Zumindest fragte sie nicht weiter.
Mario riskierte einen längeren Blick auf ihr Gesicht. Sie hatte eine gut geratene Nase, volle Lippen und eine schön geformte Stirn. Leicht gewellte, braune, schulterlange Haare. Ein angenehmer Anblick.

Doch die Zeiten, in denen eine gutaussehende Frau noch Marios Interesse erwecken konnte, waren vorbei. „Seine“ Frau, die er fünfzehn Jahre lang auf der ganzen Welt gesucht hatte, mußte noch geboren werden. Oder sie war unauffindbar, was auf das gleiche herauskam. Keine seiner Geliebten hatte Marios Sehnsucht nach einer erlösenden, tief befriedigenden Liebe stillen können. Keine hatte ihm geben können, was er so nötig gebraucht hätte. Und schließlich hatte er sie weggeworfen, seine trügerischen Hoffnungen, wie ein Paar abgenutzte Schuhe. Nicht verbittert, nur sehr müde. Seitdem lebte er nur noch äußerlich. Zum Schein. Wie ein Auto, das noch eine Weile weiterrollt, obwohl der Motor schon den Geist aufgegeben hat. Ohne den Motor der Hoffnung blieb das Leben stehen und versank nach und nach im Sumpf der Gleichgültigkeit.

„Wie machst du das?“ hörte er die Stimme der Frau. „Sitzt hier neben mir und bist weiter weg als der Mond.“

Ohne seine Antwort abzuwarten, ließ sie sich geschmeidig von dem Ast gleiten und stand im Nu auf dem Boden. Mario gelang es nicht, ihr auf ebenso elegante Art zu folgen. Schweigend gingen sie über die Wiese auf eine der Laternen zu, die den Parkweg säumten. In ihrem Licht warf er einen genaueren Blick auf die Frau. Sie hatte wirklich ein apartes Gesicht, und sie war klein, fast zierlich. Früher wäre sie genau sein Typ gewesen.

Inzwischen waren ihm alle Frauen einerlei, die kleinen, die großen, die hübschen und die unscheinbaren. Er erwartete nichts mehr von ihnen. Er wollte keine Freuden mehr von ihnen, denn er kannte die dazugehörigen Leiden. Die Liebe vergab keine Geschenke. Jedes Glück forderte Verzweiflung als Preis, jedes Gelingen mußte mit Scheitern bezahlt, jede Euphorie mit Enttäuschung vergolten werden. Alles Gute mußte teuer erkauft werden. Am Ende glich sich alles aus, und man fand sich in der eintönigen Zone abgeklärter Gleichgültigkeit wieder, wo einen keine Gefühle mehr erreichen, keine Gesichter, keine Blicke mehr berühren, keine Hoffnungen mehr verführen konnten.

Mario hörte die Schritte der Frau neben sich. Rhythmisch, leise. Am Ausgang des Parks blieb sie plötzlich stehen. „Schau mal!" sagte sie leise und zeigte auf den Kopf einer Laterne.

Mario hob den Blick und sah ein paar Nachtfalter aufgeregt um das Licht kreisen, als sei es der Inbegriff ihrer Sehnsucht. „Motten sind genauso anfällig für lächerliche Illusionen wie Menschen", sagte er. „Sie vergöttern das Licht einer stinknormalen Laterne."

Die Frau warf ihm einen verwunderten Blick zu. „Sieh doch, wie sie tanzen! Ist es da nicht egal, warum?"

„Du meinst, Hauptsache, man ist glücklich, auch wenn der Grund dafür eine Illusion ist?"

„Glück ist sich selbst doch Grund genug", erwiderte sie leise, ohne den Blick von den tanzenden Nachtfaltern zu wenden.

„Weißt du denn, was Glück ist?" fragte Mario.

Sie zögerte mit der Antwort. „Ich wußte es – und werde es hoffentlich wieder wissen. Man weiß es ja nur wirklich, wenn man es fühlt."
Falls er die Frau richtig verstand, hatte sie eine alte Liebe beerdigt und hoffte auf die Geburt einer neuen. Sie wandte sich ab und ging weiter. Ehe er sich entscheiden konnte, ob er ihr folgen oder einfach stehenbleiben sollte, drehte sie sich um: „Kommst du mit ins Cabaret? Da spielt heute abend eine irische Folk-Gruppe. Sie soll sehr gut sein."
Mario überlegte nicht lange. „Ja, ich komme mit."
Sie war deutlich jünger als er, Anfang Zwanzig mochte sie sein. Ein Alter, in dem das Hoffen noch leichtfiel. Zehn, fünfzehn Jahre später sah es anders aus. Die Hoffnung war eine der seelischen Substanzen, an denen der Zahn der Zeit besonders gierig nagte.

Das Cabaret erwies sich als eine altmodisch und lässig eingerichtete Musikkneipe, auf deren kleiner Bühne vier Musiker spielten und sangen – drei vollbärtige Männer und eine langhaarige Frau mit einem Mädchengesicht. Sie sang klar und schön, und wenn sie nicht sang, spielte sie Flöte. Sie wurde von den Männern auf Gitarre, Baß und Geige begleitet.
Die Musik hatte das gewisse Etwas. Das Zusammenspiel der Gruppe war frisch und intensiv, den Gesichtern der Musiker war anzusehen, daß ihr Auftritt ihnen Spaß machte. Nichts von der mehr oder weniger gut überschminkten

Routine erfolgsverwöhnter Bands, die sich Abend für Abend selbst kopierten. Die Iren lebten in ihrer Musik auf, und ihre Lebendigkeit übertrug sich auf das Publikum, das zusehends seine Zurückhaltung aufgab und nach jedem Song mit wachsender Begeisterung applaudierte.

Mario saß neben der Frau auf einer etwas wackeligen Holzbank. Sie schien ganz und gar in der Musik aufzugehen. Wenn er einen Seitenblick auf ihr Gesicht warf, hatte sie meist die Augen geschlossen, als falle es ihr so leichter, sich auf die Songs einzulassen.

Mario gelang es trotz einiger Versuche nicht, die Musik ebenso hingebungsvoll aufzunehmen. Wie lange war es schon her, seit er zum letzten Mal selbstvergessen und beglückt in Musik gebadet hatte? Seine Fähigkeit, tief und intensiv zu empfinden, war ihm Stück für Stück abhanden gekommen. Fast beneidete er die Frau an seiner Seite, für die es nichts mehr auf der Welt zu geben schien als die Klänge der Folk-Gruppe. Er fühlte sich plötzlich einsam, deplaziert, aber dieses Gefühl war ihm vertraut. Oft überfiel es ihn am stärksten, wenn er mitten unter vielen Menschen saß – wie jetzt.

Was hatte er hier zu suchen? Die Menschen um ihn herum waren ihm fremd und gleichgültig. Und die Musik konnte er nicht so recht genießen, weil er nichts mehr so recht genießen konnte. Warum stand er nicht einfach auf und ging? Die Frau würde es gar nicht bemerken, sie schien ihn ohnehin vergessen zu haben. Gerade als Mario sich vorgenommen hatte, seinen Entschluß in die Tat umzusetzen, endete ein Song, und die Sängerin kündigte eine Pause an.

„Gehen wir ins Freie, frische Luft schnappen?" hörte er die Stimme der Frau an seinem Ohr.

Mario nickte, stand auf und bahnte sich einen Weg zum Ausgang.

Eine Weile gingen sie schweigend nebeneinander. Wenn die Musiker noch ein bißchen länger gespielt hätten, würde er jetzt allein durch die Straßen gehen. Nun lief sie mit ihren kleinen Schritten in ihren niedlichen flachen Schuhen neben ihm.

Aber was machte es für einen Unterschied? Im Grunde war jeder Mensch allein. Die Nähe zu einem anderen war nur eine Droge, mit der man die innere Einsamkeit betäuben, vergessen konnte. Bis irgendwann die Nähe zur Beengung wurde, zur Einschränkung der Freiheit, und man den anderen ein Stück zurückschob, weil man doch lieber die Freiheit der Einsamkeit ertrug als die vielfältigen Fesseln der Nähe.

„Du wirkst so in Gedanken versunken", hörte er ihre Stimme.

„Der eine versinkt in Gedanken, die andere in Musik", antwortete er.

Sie setzte zu einer Antwort an, sagte dann aber doch nichts.

Warum ging er eigentlich neben diesem Mädchen? Warum ging sie neben ihm? Gut, sie hatte zufällig in dem Baum gesessen, an den er sich gelehnt hatte. Er war mit ihr in

eine Musikkneipe gegangen und fühlte sich empfindungslos und einsam. Das konnte er allein ebensogut. Ein Motorrad dröhnte vorbei. Mario bog unwillkürlich in eine kleine Seitenstraße ein.
„Wohin gehen wir?“ fragte die Frau.
„Wohin wir gehen? Von der Hoffnung in die Enttäuschung, vom Traum in die Realität, vom Leben in den Tod. Oder weißt du einen anderen Weg?“
Er blieb stehen und suchte den Blick seiner Begleiterin.
Sie sah ihn nachdenklich an. Schließlich schüttelte sie ungläubig den Kopf. Auf seinen fragenden Blick antwortete sie: „Warum bist du jetzt gerade hier stehengeblieben? Hier vor diesem Haus?“
„Ein Haus wie jedes andere.“
„Kein Haus wie jedes andere“, widersprach sie und schmunzelte. „Ich werde es dir beweisen.“
Ohne weitere Erklärungen ging sie durch den kleinen Vorgarten auf die Haustür zu, zog einen Schlüsselbund aus ihrer Tasche und schloß auf. Dann wandte sie den Kopf und warf Mario einen einladenden Blick zu.
Mit langsamen Schritten ging er auf die Haustür zu, folgte ihr in den Hausflur und die Treppen hoch bis ins Dachgeschoß.
Sie schloß eine Tür auf und lächelte ihn an: „Hier wohne ich. Du bist der erste Mann, der mich nach Hause gebracht hat, ohne zu wissen, wo ich wohne.“ Sie lachte. „Damit hast du eine Einladung zum Tee gewonnen.“

Ihre Wohnung bestand aus einem kleinen Flur, einer engen Küche, einem winzigen Bad und einem halbwegs geräumigen Zimmer mit schräger Wand. Es war auf individuelle Weise geschmackvoll gestaltet. Eine große Matratze mit einer bunten indischen Tagesdecke diente als Bett und Sitzgelegenheit zugleich. Ein halbes Dutzend Zimmerpflanzen schmückten den Raum. Ein Sitzkissen, ein flacher Tisch, ein Bücherregal und allerlei hübsche, liebevoll arrangierte Kleinigkeiten rundeten die etwas orientalisch anmutende Atmosphäre ab.

Als Eva den Tee aus der Küche gebracht hatte, knipste sie die Deckenlampe aus und entzündete ein paar Kerzen.

„Ist schöner so", stellte sie fest.

Eine Romantikerin, dachte Mario, die auf Bäume klettert und ein hübsches Gesicht hat – vor allem in diesem Kerzenlicht. Die anscheinend keine Angst vor fremden Männern kennt.

„Erst findest du den Baum, in dem ich sitze. Und dann das Haus, in dem ich wohne", sagte sie und warf Mario einen forschenden Blick zu. „Sind das nicht seltsame Zufälle?"

„Gehörst du vielleicht zu den Menschen", antwortete er, „die bei jeder halbwegs passenden Gelegenheit behaupten, daß es keine Zufälle gibt?"

„Ich gehöre zu den Menschen, die auf Winke des Lebens reagieren, neugierig, so offen wie möglich."

Mario verkniff sich eine Antwort und kostete den Tee. Sicher, es waren schon zwei erstaunliche Zufälle, aber er hatte bereits ungewöhnliche Dinge erlebt, die sich im nachhinein als bedeutungslos herausstellten. Wie etwa vorletztes Jahr in den USA, als er demselben deutschen Reiseschriftsteller, den er im Flugzeug nach New York kennengelernt hatte, drei Wochen später in San Francisco auf der Straße wieder begegnete. So etwas kam vor. Kein Grund, darin einen Wink des Lebens zu sehen. Das klang fast schon wie Fügung des Schicksals. Und darunter fiel für manche Menschen schon alles, was auch nur ein bißchen vom Alltäglichen abwich. Sie verliehen ihm den Nimbus des Besonderen, um sich über seine Unwichtigkeit hinwegzutäuschen.

„Wo bist du jetzt schon wieder?“ fragte sie.

„Hier.“

„Gelogen! Manchmal bist du hier. Aber eben warst du wieder meilenweit weg. Als würdest du dich ganz tief in dir verkriechen.“

„Ich war in Gedanken – bei einer Reise durch Nordamerika.“

Sie nippte an ihrer Teeschale, sah ihm ins Gesicht und schien zu versuchen, seine Gedanken zu lesen. Es entstand ein Schweigen, in dem eine wachsende Spannung lag. Er fragte sich, ob er sie mit seiner Skepsis und inneren Abwesenheit verstimmt hatte.

„Heute im Park“, sagte sie nachdenklich, „am Ausgang, da wollte ich mich eigentlich von dir verabschieden und allein zu der irischen Gruppe gehen. Doch dann habe ich dich gefragt, ob du mitkommst. Einfach aus dem Bauch heraus. Ich weiß fast nichts von dir.“

„Hast du Angst vor mir? Ein wildfremder Mann in deiner Wohnung?“
Sie sah ihn ernst an und sagte leise: „Ich glaube eher, du hast Angst vor mir.“
„Oha!“ sagte Mario. Es sollte spöttisch wirken, klang aber eher überrascht. „Warum sollte ich Angst vor dir haben?“
„Das wirst du besser wissen als ich.“
„Ich hab keine Angst vor dir.“
„Warum sitzt du dann so fluchtbereit auf dem Kissenrand?“
Eine aufmerksame Beobachterin, dachte Mario.

„Ist dir meine Gegenwart unangenehm?“ hörte er sie fragen.
Er schüttelte den Kopf. „Nein, das ist es nicht.“

„Und was ist es?“
„Ich bin vielleicht etwas unruhig.“
„Verrätst du mir trotzdem deinen Namen?“
„Mario. Und wie heißt du?“
„Eva.“
Der Name paßte! Eva – die Paradiesfrau. Neugier und Überzeugungskraft. Das hatte sie. Hätte nur noch gefehlt, daß sie im Park in einem Apfelbaum gesessen hätte, statt in einer Eiche. Marios Blick fiel auf die Schale auf dem Tisch, in der ein Apfel lag.
„Magst du ihn essen?“ fragte sie, nahm die Frucht in die Hand und hielt sie Mario entgegen. Nein danke, wollte er sagen, doch er brachte keinen Ton heraus. Eva hatte Adam einen Apfel vom Baum der Erkenntnis angeboten. Welche Erkenntnis bot Eva ihm jetzt symbolisch an?

Nun begann er auch schon mit diesen Mystifizierungen banaler Vorgänge! Es war nichts weiter als ein knackiger Apfel, den sie ihm anbot, und er hatte Appetit darauf! Mario nahm ihn und biß hinein. Er schmeckte gut, süß und saftig.

Trotz seiner seltsamen Unruhe mußte er innerlich über die Situation schmunzeln, in die er geraten war. Fast wie ein Schauspieler kam er sich vor, der eine Rolle in einem Film spielt, dessen Drehbuch er nicht kennt. Der improvisieren muß und immer neugieriger darauf wird, wie der Film weitergeht. Nicht allzu neugierig, versteht sich – schließlich ist es nur ein Film. Nicht das wahre Leben. Das wahre Leben, dachte Mario, existiert nicht. Allenfalls in unseren Träumen und Illusionen. Auch eine Art von Film, der in uns läuft. Mit dem wir uns so lange wie möglich vor der Realität schützen. Bis es nicht mehr geht. Bis die Schutzschirme durchlässig werden, und die Realität wie ein Virus in uns eindringt, um uns einen der schlimmsten Tode zu bringen – den der Lebensfreude.

„Ich habe den Eindruck, daß du gern innere Monologe hältst", sagte Eva.

„Stört dich das?"

Sie schüttelte den Kopf. „Es macht mich neugierig auf ihren Inhalt."

Mario legte die Apfelkippe in die Obstschale. „Warum interessierst du dich für meine Gedanken?"

Sie strich sich eine Haarsträhne aus der Stirn. „Warum sollte ich es nicht?"

Eva hatte recht. Er hatte sich diese lautlosen Selbstgespräche angewöhnt. Es fiel ihm kaum noch auf. Auf andere wirkte er damit wohl abwesend, vielleicht auch abweisend.
„Soll ich lieber laut denken?"
Sie lächelte und nickte ihm zu.
Mario kratzte sich am Kopf. „Also gut. Ich kann es versuchen."
Sie goß ihm Tee nach. Dann sah sie ihn ermutigend an. Auf einmal war eine völlige Leere in seinem Kopf, als seien alle Gedanken vor seinem Entschluß geflüchtet, sie Eva mitzuteilen. Er bemerkte, daß ihm angenehm warm war. Obwohl er in der Nacht zuvor wenig geschlafen hatte, fühlte er sich frisch und wach.
„Ich weiß nicht, wo ich anfangen soll."
„Mit dem Anfang. Auch wenn es dauert. Ich vergesse die Zeit, wenn ich zuhöre."
„Also gut. Hier hat es angefangen, in dieser Stadt. Vor fünfzehn Jahren. Mit einem perfekt ausgefüllten Lottoschein, mit sechs Richtigen."
„Wie bitte?"
„Kein Witz! Du hast die Ehre mit einem ehemaligen Lottokönig. Ich war einmal richtig reich. Fünfzehn Jahre lang bin ich um die Welt gereist und habe das ganze Geld ausgegeben."
„Was?" rief Eva aufgeregt. „Du bist fünfzehn Jahre lang gereist? Von einem Land ins andere?"
Mario nickte. „Ich war auf allen Kontinenten. Und wo es mir gut gefiel, bin ich länger geblieben."

Evas Augen strahlten. „Das stelle ich mir traumhaft vor! Jahrelang völlig unbeschwert durch die Weltgeschichte ziehen! Ohne Sorgen, ohne Pflichten, ohne Alltagsgefühle. Traumhaft!"
Mario schüttelte traurig lächelnd den Kopf. „Am Anfang, wenn alles neu ist – ja, da ist es traumhaft. Aber mit den Jahren läßt der Reiz nach, und du gewöhnst dich an das Ungewöhnliche. Und irgendwann beginnst du, dich leer zu fühlen, entwurzelt, ohne wirkliche Heimat. Als seist du vor irgend etwas auf der Flucht."
Evas Blick verriet Befremdung. „Trotz dieser grenzenlosen Freiheit? Das ist doch der größte Luxus, den ein Mensch haben kann!"
„Ja, sicher, aber Freiheit ist nicht gleichbedeutend mit Glück. Ich habe unterwegs Menschen getroffen, die mir glücklicher erschienen, als ich es war, obwohl sie wenig Geld und Freiheit hatten."
„Warst du denn nie richtig glücklich?"
„Glücklich?" Mario zuckte mit den Schultern. „In den ersten Jahren unterwegs vielleicht – von Zeit zu Zeit. Aber nie glücklich genug. Ich hatte immer so einen Durst in mir, so eine Sehnsucht nach einem gewissen Lebensgefühl, nach einem bestimmten Menschen."
„Du erwartest viel vom Leben?"
„Ich habe viel erwartet, offenbar zu viel. Jetzt erwarte ich nichts mehr. Meine gute Schicksalsfee hat sich wohl mit dem Lottogewinn, den sie mir zugeschanzt hat, völlig verausgabt. Mehr war nicht drin für mich: großes Glück

im Spiel, aber viel Pech bei der Suche nach dem großen Glück."

Eva blickte Mario unverwandt an. Wenn er ihren Blick richtig deutete, versuchte sie, sich ein Bild von ihm zu machen. Da hatte sie sich was vorgenommen! Nicht einmal ihm selbst war es in den letzten fünfzehn Jahren gelungen, eine halbwegs verläßliche Kenntnis seiner Person zu erlangen. Er war ein Bündel voller Widersprüche mit zu hohen Erwartungen ans Leben – so gesehen ein ziemlich normaler Mensch.

„Hattest du Pech mit den Frauen?" hörte er Evas Stimme.

Mario sah Lindas ausdrucksvolles Gesicht vor sich. Linda, der er im letzten Jahr in Kalifornien am Strand begegnet war. Mit der er viele schöne Tage und Nächte verbracht hatte, und die ihn fallenließ, als es mit seinen Finanzen endgültig zu Ende ging.

Er dachte an Madeleine, die Inkarnation weiblichen Charmes, mit der er drei Jahre in Paris zusammengelebt hatte. An Joke, die heitere, hübsche Holländerin, die er an einen Photographen verloren hatte, der ihr versprach, sie zu einem berühmten Model zu machen. Auch die Engländerin Helen fiel ihm ein, mit der er über ein Jahr lang durch Südostasien gereist war, bis sie sich von einem Tag auf den anderen nicht mehr verstanden, ohne zu verstehen, warum.

„Nein, ich hatte kein Pech mit den Frauen. Ich habe viel Schönes und Magisches mit ihnen erlebt – und viel Enttäuschendes, Entmutigendes. Die ganze Palette der Gefühle von tiefster Traurigkeit bis zu höchster Freude. Doch letztlich hat immer etwas Entscheidendes gefehlt. Aber warum erzähle ich dir das?“

Evas Antwort kam spontan: „Weil ich neugierig bin. Schließlich hast du meinen Traum gelebt – wahrscheinlich den Traum sehr vieler Menschen. Ich reise wahnsinnig gern, aber wenn ich verreisen will, muß ich in den Semesterferien dafür arbeiten, und dann reicht es gerade für ein paar Wochen.“

„Was studierst du eigentlich?“

„Musik. An der Hochschule für Künste. Im vierten Semester.“

„Musik?“ Mario lächelte. Musik war eins der wenigen Worte, die keine widersprüchlichen Gefühle in ihm weckten. „Welche Instrumente?“

„Querflöte und Klarinette.“

Ihre Blicke trafen sich.

„Vielleicht hättest du mehr aus der Chance gemacht, die ich hatte“, sagte Mario und wandte irritiert den Kopf zur Seite. Sie hat schöne Augen, dachte er, ein ganz intensives Blau. Aber es sind nicht nur die Augen, die mich verwirren. Es ist etwas in ihrem Blick, es ist ihre ganze Art.

„Ich?“ Sie wirkte überrascht. „Wieso?“

Mario zuckte mit den Schultern. „Ich hatte so ein Gefühl. Manche Menschen bekommen etwas geschenkt, das andere viel besser nutzen könnten.“

Eva verzog den Mund. „Ich weiß gar nicht, ob ich soviel Geld haben möchte. Ich hätte Angst, daß es mich verän-

dert – auf schleichende Art. Daß ich nach und nach ein anderer Mensch werde."
„Sicher, Geldfülle verändert dich. Aber Geldmangel auch. Du wirst mit der Zeit so oder so ein anderer Mensch."
„Aber bestimmten Dingen in mir will ich immer treu bleiben."
„Netter Vorsatz, aber der Wille hat da wenig Macht. Das Schicksal verpaßt keine Gelegenheit, uns die Ohnmacht unseres Willens zu demonstrieren. Ich nehme meinen Willen längst nicht mehr so ernst. Er ist ein verrückter Gernegroß, über den ich inzwischen schmunzeln kann."
„Warum glaubst du, daß ich aus deinem Lottogewinn mehr gemacht hätte?"
Mario hob die Handflächen. „Keine Ahnung. Vielleicht hättest du mehr Glück bei der Suche nach dem Glück gehabt. Oder du hättest mit dem Geld etwas Sinnvolles, Hilfreiches ins Leben gerufen. Es war nur so ein Gefühl. Im Grunde kenne ich dich ja gar nicht."
„Willst du mich kennenlernen?"
Die Direktheit ihrer Frage verunsicherte ihn. Er ließ sich von ihrem Lächeln anstecken, während er einen klaren Gedanken zu fassen versuchte. Wollte er sie wirklich kennenlernen? Brauchte er noch eine weitere Variation des ewigen Themas von Verheißung und Enttäuschung, von Rausch und Ernüchterung? War er nicht ein für allemal raus aus diesem Spiel?
„Ich weiß es nicht", sagte er.
Sie nickte, als akzeptiere sie seine Antwort ohne Mühe.

Wieder strich sein Blick fast heimlich über ihr Gesicht. Sie schien es nicht zu bemerken. Er fragte sich, ob er sie mit seiner Antwort gekränkt hatte. Er hatte sich mit den Jahren alles Diplomatische abgewöhnt. Wozu nett gemeinte Lügen und Halbwahrheiten? Sie riefen nur unnötige Illusionen ins Leben.

„Warum glaubst du, daß du aus deiner Chance zu wenig gemacht hast?"

„Wahrscheinlich war ich nicht gut genug", erwiderte Mario, „zu egozentrisch, zu sehr mit mir selbst beschäftigt. Ich war so konzentriert auf meine Jagd nach dem Glück, daß ich oft blind war für das Unglück anderer. Ich ging mit praller Brieftasche an Bettlern vorbei. Nicht aus Geiz – ihr Schicksal berührte mich einfach nicht. Großzügig war ich nur, wenn ich liebte oder zu lieben glaubte. Einmal reiste ich drei Monate lang mit einer völlig mittellosen Chilenin durch Lateinamerika. Wir haben fürstlich gelebt, und es hat mir nie etwas ausgemacht, alles zu bezahlen. Aber das ist wohl ganz normal. Jeder trifft seine Auswahl von Menschen, denen er sein Bestes gibt. Den anderen begegnet man mit mehr oder weniger großer Gleichgültigkeit."

Während Mario redete, sah Eva ihn unentwegt an. Sie schien über seine Worte nachzudenken, noch während er sprach, doch sie gab keinen einzigen Kommentar. Erst als Mario fragte, ob er zuviel rede, sagte sie: „Bitte sprich weiter."

Und er erzählte ihr mehr von seinen Reisen, seinen abenteuerlichen Erlebnissen. Sie lauschte mit unermüdlichem

Interesse und nahm Anteil an den Geschehnissen, in die Mario sich zurückversetzte.
Irgendwann merkte er, daß seine Zunge schwer wurde. Mehrmals mußte er gähnen, und als Eva sich von ihm anstecken ließ, stellte er fest: „Ich glaube, wir können jetzt beide Schlaf gebrauchen. Ja, dann – danke für alles."
Er stand auf und räusperte sich.
Sie blieb sitzen und sah ihn an. „Wo wohnst du eigentlich?"
„Nirgendwo. Ich bin erst heute hier angekommen."
„Oh", sagte Eva.
Mario blickte aus dem Fenster. Die Straße war menschenleer. Vor einem der gegenüberliegenden Häuser entdeckte er ein beleuchtetes Schild mit der Aufschrift: Pension Rombach. „Ich gehe in die Pension Rombach", sagte er.
„Die haben schon geschlossen. Das ist ein kleiner Familienbetrieb. Kein Geld für einen Nachtportier. Du kannst bei mir schlafen. Ich habe eine Luftmatratze im Kleiderschrank. Eine Freundin hat letzten Monat ein paar Nächte darauf verbracht. Sie hat sich nicht beklagt."
„Und was kostet die Übernachtung?"
Eva lachte. „Mehr Reise-Geschichten von dir zum Frühstück. Der Blasebalg liegt unter dem Kleiderschrank."
Während Mario die Luftmatratze in Form brachte, verschwand Eva im Badezimmer und kehrte fünf Minuten später in einer halblangen Pyjama-Hose und einem weiten, weißen T-Shirt zurück.
„Das Bad ist frei", sagte sie, nahm Schlafdecken und Laken aus einer Basttruhe, legte zwei aufs Bett und die anderen

beiden auf die Luftmatratze. Sie wünschte Mario eine gute Nacht, lächelte ihn an und kroch unter ihre Decke.
Als Mario aus dem Bad zurückkam, schien sie schon zu schlafen.
Er sah sie eine Weile an. Dann knipste er das Licht aus und versuchte, es sich auf der Luftmatratze bequem zu machen.
Eine Weile lauschte er Evas gleichmäßigen Atemzügen, und bald schlief auch er ein.

Mario brauchte einige Momente, bis er wußte, wo er aufgewacht war. Er stand auf und zog die Vorhänge zurück. Das Sonnenlicht blendete ihn. Blinzelnd öffnete er das Fenster und ging ins Badezimmer.
Auf der Tür war ein Klebezettel: „Hallo Mario, ich bin nur ein paar Sachen einkaufen gegangen. Bis gleich. Eva."
Mario stellte sich unter die Dusche. Als er aus dem Badezimmer kam, hörte er Geräusche in der Küche. Eva war dabei, das Frühstück vorzubereiten, und warf ihm einen heiteren Blick zu. „Na, gut geschlafen?"
Er nickte.
„Es ist schönes Wetter heute! Hast du Lust, nach dem Frühstück mit mir durch die Stadt zu bummeln?"
„Ja", sagte Mario.
Er brauchte nach dem Aufstehen immer eine Weile, bis er richtig im Sattel des Tages saß. Er war kein Held des Morgens. Die besten, intensivsten Stunden seines Lebens hatte er meistens abends gehabt.

Sie aßen, ohne viel zu reden. Mario stellte fest, daß er sich überraschend gut fühlte, und die Aussicht auf einen gemeinsamen Spaziergang war ihm willkommen.

Es war ein Tag wie aus dem Bilderbuch. Keine Wolke trübte das tiefe Blau des Himmels. Die Sonne schien so freundlich auf die Stadt herab, als sei die Welt in Ordnung. Was sie wohl nie gewesen ist, dachte Mario.

Eva sah ihn von der Seite an. „Na, wieder mal in Gedanken versunken?“

Er nickte.

„Und?“

„Keine allzu sonnigen Gedanken“, murmelte er.

Zu seiner Erleichterung fragte Eva nicht nach. Sie gingen schweigend weiter und hatten bald die Fußgängerzone erreicht, die zu diesem Zeitpunkt sehr belebt war.

Sie waren noch nicht lange gegangen, als sie zwei junge Männer im Alter von vielleicht sechzehn Jahren sahen, die sich auf einen Streit eingelassen hatten, der in eine Schlägerei auszuarten schien.

Mario und Eva waren unwillkürlich stehengeblieben – wie andere Passanten auch. Schnell hatte sich ein Kreis um die beiden Streithähne gebildet, die sich in der Manier von Kick-Boxern belauerten. Sie hatten ihre Arme zur Deckung gehoben und tänzelten hin und her, den Gegner genau beobachtend.

Plötzlich kam der erste Schlag, gefolgt von einem Tritt. Sofort darauf der Gegenangriff. Die beiden Jugendlichen kämpften mit Händen und Füßen. Ihre Angriffe kamen mit der Schnelligkeit und Geschicklichkeit trainierter Kampfsportler.

Ein gefundenes Fressen für die Leute, dachte Mario. Eine Schlägerei in der Fußgängerzone – Eintritt frei. Obwohl ihn Gewalt abstieß, verfolgte er aufmerksam den Kampf der jungen Männer.

Er hörte die Stimme einer älteren Frau in seiner Nähe: „Man kann die doch nicht einfach so weitermachen lassen!“ Doch ihre Worte klangen nicht allzu überzeugend und fanden keine Resonanz bei den Passanten, die einen Sicherheitsabstand hielten und immer zahlreicher wurden.

Plötzlich lag einer der Kontrahenten nach einem Tritt gegen seinen Kopf am Boden. Doch er war schnell wieder auf den Beinen. Blut tropfte von seinen Lippen. Er startete einen überhasteten Gegenangriff, wurde erneut am Kopf getroffen und fand sich ein zweites Mal am Boden wieder.

All dies hatte vielleicht eine Minute gedauert. Wieder stand der Angeschlagene auf, diesmal mit mehr Mühe, doch sichtlich entschlossen, den Kampf weiterzuführen.

In diesem Augenblick trat Eva mit schnellen Schritten aus dem Kreis der Gaffer hervor und schrie die beiden laut und eindringlich an: „Hört endlich auf! Das hat doch keinen Sinn!“ Sie schrie, als hinge ihr Leben davon ab, daß die beiden ihre Schlägerei einstellten.

Die Intensität ihrer Einmischung verfehlte ihre Wirkung auf die jungen Männer nicht. Ohne das geringste Zögern gingen sie in entgegengesetzte Richtungen davon – über-

mannt von dem engagierten Auftreten dieser kleinen Frau und vielleicht auch dankbar für die Möglichkeit, den Kampf beenden zu können, ohne ihr Gesicht zu verlieren.
Mario stand wie angewurzelt und starrte Eva an. Er spürte sein Herz im Hals klopfen und konnte keinen klaren Gedanken fassen, nahm kaum wahr, wie sich die Menschen um ihn herum wieder in Bewegung setzten und zerstreuten. Er ging auf Eva zu. Als er einen Schritt vor ihr stehenblieb und ihr in die Augen sah, begann sie am ganzen Körper zu zittern. Tränen liefen ihr über die Wangen, und ihr Gesicht verzerrte sich wie im Schmerz.
Das war zuviel für sie, dachte Mario und legte unwillkürlich die Hände auf ihre Schultern, sie hat sich völlig verausgabt. Er trat einen Schritt vor und drückte Evas bebenden Körper sanft an sich. Seine Hand strich beruhigend über ihr Haar.
Nach und nach ebbte ihr Zittern und Schluchzen ab. Ein Passant rempelte sie an und entschuldigte sich. Mario nahm Eva beim Arm und führte sie behutsam in eine weniger belebte Seitenstraße. Sie wischte sich mit dem Ärmel ihrer Bluse die Tränen aus dem Gesicht. Mario entdeckte eine Holzbank unter der Krone eines Baumes und steuerte darauf zu. Sie setzten sich.
Obwohl immer wieder Menschen nah an ihnen vorbeigingen, fühlte er sich mit Eva wie von einem unsichtbaren Schutzschirm umgeben. Ihm lagen Fragen auf der Zunge, aber er stellte sie zurück. Er war von der Energie und der Entschlossenheit tief beeindruckt, die diese zierliche Frau

neben ihm an den Tag gelegt hatte. Daß sie sich mit ihrem Einschreiten anscheinend nervlich überfordert hatte, imponierte ihm um so mehr, auch wenn er nicht ganz nachempfinden konnte, warum sie sich so vehement in die Angelegenheiten zweier ihr fremder Menschen eingemischt hatte.

Während sie still nebeneinander saßen, spürte er, wie die Kraft und Ausgeglichenheit, die Eva bislang immer ausgestrahlt hatte, allmählich wieder in sie zurückkehrten. Die Lichter gehen wieder an, dachte er, der Zusammenbruch des Stromnetzes wegen Überlastung ist behoben.

„Du wunderst dich jetzt bestimmt über mich“, sagte sie leise und streifte sein Gesicht mit einem unsicheren Blick.

„Ja.“

„Ich kann es dir erklären.“

„Ja, bitte! Warum dieses Engagement für Fremde? Warum dieser totale Einsatz – bis zur Selbstüberforderung?“

„Wegen eines Versprechens, das ich mir selbst gegeben habe“, erklärte sie und schaute auf ihre kleinen, schlanken Hände. „Ich kann es einfach nicht ertragen, wenn Menschen so miteinander umgehen.“

Mario konnte ein zynisches Grinsen gerade noch unterdrücken. „So gehen Menschen ständig überall auf der Welt miteinander um. Sogar im großen Stil, im Boxring. Im Scheinwerferlicht vor laufenden Kameras, die ihre Schlägereien im Namen des Sports live in die ganze Welt ausstrahlen. Und die Welt schaut gebannt zu, wie die Leute eben in der Fußgängerzone.“

Eva zog die Stirn in Falten. „Das heißt noch lange nicht, daß ich auch zusehen muß. Einmal war ich in einer Disko, vor etwa einem Jahr. Es ging um ein Mädchen. Zwei Typen, so um die Zwanzig, kriegten sich wegen ihr in die Haare, mitten im Gedränge. Ich stand ganz in der Nähe. Sie schlugen sich ins Gesicht. Der eine blutete aus der Nase. Alle Leute wichen zurück. Niemand griff ein. Plötzlich lag der eine Mann am Boden. Als er aufstand, hatte er ein Messer in der Hand und stieß zu."

Eva wirkte so, als bereite ihr die Erinnerung körperlichen Schmerz.

„Es war schrecklich", sagte sie mit leiser Stimme. „Später las ich in der Zeitung, daß der Mann an seiner Stichwunde fast gestorben wäre. Wenn jemand rechtzeitig versucht hätte, die beiden auseinanderzubringen, wäre das nicht passiert. Aber alle standen nur da und gafften. An diesem Tag habe ich mir selbst das Versprechen gegeben, mich einzumischen, wenn ich noch einmal in eine solche oder ähnliche Situation geraten sollte."

„Du hast dich sehr überzeugend eingemischt! Die beiden waren völlig konsterniert. Aber du hast dich dabei überfordert."

„Ich bin zur Zeit nicht so stark wie sonst. Meine Großmutter … sie liegt im Sterben. Und ich kann nichts …"

Sie schüttelte den Kopf und atmete tief durch.

Mario entschied sich, sie nicht zum Weitersprechen zu bewegen. Er lehnte sich zurück, schaute in den Himmel und versuchte, an nichts zu denken.

Nach einer Weile hörte er ihre Stimme. „Ich muß jetzt ins Krankenhaus. Wollen wir uns später noch sehen?“

„Gern“, sagte Mario.

„Um sieben im Café Halbmond? Das ist hier um die Ecke.“

„Okay. Ich werde da sein.“

Eva stand auf und schenkte Mario ein Lächeln. Dann drehte sie sich um und ging.

Mario spürte, daß er sich freute, sie in ein paar Stunden wiederzusehen. Wann hatte er sich eigentlich zum letzten Mal auf irgend etwas gefreut?

Er blieb noch eine Weile auf der Bank unter dem Baum sitzen, genoß sein unverhofft gutes Lebensgefühl und spürte zum ersten Mal seit langer Zeit wieder einen Hauch von vager Hoffnung.

Sofort waren kritische, skeptische Stimmen aus der Erfahrungsabteilung seines Bewußtseins zur Stelle, um ihn davor zu warnen, sich auf das dünne Eis einer neuen Illusion zu begeben. Mario entschloß sich, einfach nicht hinzuhören.

Er stand auf und ging in den Park zu der Stelle, wo er Eva kennengelernt hatte, und verbrachte die Wartezeit unter der alten Eiche.

Eva wirkte ein wenig abgespannt und unruhig. Ihr Nachmittag schien nicht so angenehm wie seiner gewesen zu sein. Sie hatte vor dem Café auf ihn gewartet. „Drinnen ist es zu voll und zu laut“, erklärte sie. „Laß uns lieber ein bißchen durch die Straßen laufen.“

Sie gingen langsam nebeneinander.
„Ich war im Park. Bei dem Baum, wo wir uns begegnet sind“, sagte Mario nach einer Weile. „Habe im Gras gelegen und mich so gut gefühlt wie schon lange nicht mehr.“
Eva lächelte ihn an. „Das freut mich. Gestern schien es dir nicht so gut zu gehen.“
„Wie habe ich denn auf dich gewirkt?“
Sie überlegte kurz, bevor sie antwortete: „So, als würdest du eine Last mit dir herumtragen. Ziemlich nachdenklich. Und irgendwie gleichgültig. Heute gefällst du mir besser.“
„Dafür scheint es dir heute nicht so gut zu gehen.“
Eva nickte kaum merklich. „Heute war es besonders schwer. Ich bin innerlich noch bei meiner Großmutter.“
„Möchtest du jetzt lieber allein sein?“
Sie nickte nach kurzem Zögern. „Wahrscheinlich wäre es besser. Ich bin noch ziemlich bedrückt. Ich möchte dir nicht deine gute Stimmung verderben.“
Mario versuchte, sich die kleine Enttäuschung über Evas Zustand nicht anmerken zu lassen. Er hatte sich auf sie gefreut. Zum ersten Mal seit langer Zeit gab es einen Menschen, der ein Gefühl von Freude und Hoffnung in ihm entstehen lassen konnte – was er nicht mehr für möglich gehalten hätte.
„Ja, ich glaube, ich wäre jetzt am liebsten allein“, sagte sie mit schwacher Stimme. „Es ist ein schreckliches Gefühl, einem Menschen, den man liebt, so hilflos gegenüberzustehen. Ich würde für Lisa alles tun, was ich kann – und ich kann nichts für sie tun. Nichts.“

Mario räusperte sich und setzte zu einer Frage an, die er dann doch nicht stellte.

„Ich will dich nicht mit meinen Problemen belasten. Wir kennen uns ja kaum. Ich hätte einfach gern einen unbeschwerten Abend mit dir verbracht.“

„Der Abend ist ja noch jung. Ich muß ohnehin zum Bahnhof, meine Reisetasche aus dem Schließfach holen. Ich brauche frische Klamotten auf der Haut. Und essen muß ich auch noch was. Wenn du später vielleicht noch …“

„Komm doch um zehn zu mir! Bis dahin geht es mir bestimmt wieder besser“, fiel Eva ihm spontan ins Wort.

„Gut“, sagte er, „also bis um zehn!“

Er schenkte ihr ein Lächeln und ging. Nach einigen Schritten drehte er sich unwillkürlich um. Sie stand bewegungslos und sah ihm nach. Er winkte ihr zu, und sie hob den Arm. Mario spürte sein Herz im Hals klopfen, ohne dafür eine Erklärung zu haben.

Er winkte noch einmal, bevor er um eine Straßenecke bog.

Mario zog seine Reisetasche aus dem Schließfach und beschloß, im Bahnhofsrestaurant etwas zu essen. Die Verschiebung der Begegnung mit Eva um ein paar Stunden hatte seinem überraschend guten Lebensgefühl nichts anhaben können. Warum auch – sie wollte ihn wiedersehen und mußte nur vorher mit sich selbst ins reine kommen. Das war in Ordnung. Es war Mario lieber, ein paar Stunden auf sie zu warten und dann ihre innere Anwesenheit zu spüren, als jetzt nur körperlich bei ihr zu sein, während sie in Gedanken und Gefühlen noch bei ihrer Großmutter war. Nach dem Essen lehnte Mario sich zurück. Ein Blick auf die große Wanduhr des Restaurants zeigte ihm, daß er noch knapp zwei Stunden Zeit hatte. Er nahm ein Buch aus seiner Tasche und schlug es auf, verlor aber nach ein paar Seiten das Interesse am Weiterlesen. Noch einmal ging ihm der Kampf in der Fußgängerzone durch den Kopf, und er fühlte erneut, wie sehr Evas mutiges, entschlossenes Einschreiten ihn beeindruckt hatte.

Warum war er, der Gewalt verabscheute, genauso untätig wie all die anderen Leute um ihn herum geblieben? War es nicht eine Ohrfeige ins soziale Gesicht aller Beteiligten gewesen, daß ausgerechnet eine zart gebaute Frau mehr Mumm und Herz bewiesen hatte als alle anderen zusammen? Auch als er selbst, der wie die anderen passiv geblieben war, während er sich mit Gedanken über die Schaulust der Menschen beim Auftreten nackter Gewalt innerlich abgedichtet hatte. Weil Gewalt ein Teil des Lebens ist. Weil man sich nicht gern in die körperlichen Auseinandersetzungen fremder Leute mischt – nicht zuletzt, weil man Angst hat, sich dabei selbst ein blaues Auge einzufangen. Allesamt triftige Gründe für eine passive Haltung. Gründe, die Eva einfach ignoriert hatte.

Mario ließ seinen Blick durchs Restaurant schweifen und betrachtete die Gesichter der Gäste. Da war, wie so oft, kaum eins, das Lebensfreude ausstrahlte; manche schienen von Enttäuschung, Skepsis und Unbehagen geradezu deformiert zu sein. Das Gesicht einer kurzhaarigen Frau schrie förmlich seine Unlust am Leben in die Welt hinaus. Mario winkte die Serviererin herbei und bestellte ein Glas Rotwein. Er hatte heute zum ersten Mal seit langer Zeit wieder ein paar angenehme, fast heitere Stunden verbracht, ohne innere Selbstgespräche, ohne die Brille des Zynikers vor den Augen, der in allem, was er sieht, das Fragwürdige bloßlegt, um damit das Ganze abzuwerten. Er hatte sich auf die Begegnung mit einer jungen Frau gefreut, von der er sich eben mit klopfendem Herzen verabschiedet hatte, um sich jetzt noch einmal auf sie zu freuen!

Mario schüttelte ungläubig den Kopf. Seine Gleichgültigkeit schien sich krankgemeldet zu haben. Vielleicht hatte sie auch Kurzurlaub genommen. Er spürte wieder so etwas wie Interesse in sich aufkeimen – Interesse an dieser Frau. Neugier auf ihre Art, das Leben zu verstehen. Einen Hauch von Hoffnung vielleicht auch.

Aber ja, hörte Mario den Zyniker in sich spotten, die Hoffnung auf eine neue Enttäuschung! Wie viele Ernüchterungen brauchst du denn noch, um den Kampf um die Illusionen aufzugeben? Niemand kann ihn gewinnen!

Mario trank einen Schluck Wein. Er hatte noch genug Geld auf dem Konto, um sich ein paar Monate über Wasser zu halten. Mehr war ihm nicht geblieben. Er würde sich eine Arbeit suchen müssen.

Ich träume immer noch, dachte er. Mit fünfunddreißig wird es schwierig werden, einen halbwegs erträglichen Job zu finden. Ohne Ausbildung, Berufserfahrung oder besondere Qualifikationen. Mit meiner Vergangenheit. Ich habe fünfzehn Jahre lang einen Logenplatz im Theater dieser Welt gehabt. Ich hatte nur eine Arbeit, die Arbeit mit mir selbst. Und jetzt soll ich noch einmal ganz von vorne anfangen? Eine verkrachte Existenz, ein Ex-Lottokönig, der pleite ist? Es würde schwierig werden, sehr schwierig. Wenn er wenigstens eine Begabung hätte, mit der er seinen Unterhalt bestreiten könnte! Vielleicht sollte er Seminare darüber abhalten, wie man auf der Suche nach dem wahren Glück scheitert, darin war er Experte.

Mario zahlte, hängte sich seine Reisetasche über die Schulter und ging. Draußen hatte die Dämmerung eingesetzt. Er spazierte langsam die Straße entlang, die in die Innenstadt führte. Manchmal blieb er stehen, betrachtete die Passanten, schnupperte die Atmosphäre der kleinen Universitätsstadt, die ihm schon zu seiner Studentenzeit als romantisch und idyllisch erschienen war. Obwohl sich seitdem manches verändert hatte: Hektik war hier nach wie vor selten – und wäre auch an einem so schönen Sommerabend unangebracht gewesen.

Wie war es möglich, daß er jetzt, wo er eigentlich nichts mehr vom Leben erwartete, seit langem wieder eine friedliche, schöne Atmosphäre erleben und genießen konnte? Daß er mit Eva einen Menschen kennengelernt hatte, der die Mauer seiner Gleichgültigkeit durchdrungen und sein Herz berührt und belebt hatte?

Und auch sie schien etwas für ihn zu empfinden. Hätte sie ihn sonst eingeladen, bei ihr zu übernachten? Wäre sie sonst heute nach dem Abschied wie angewurzelt stehen-

geblieben, um ihm nachzuschauen?

Oder war er für sie nur ein willkommener Lückenbüßer? Vielleicht sonnte sich ihr fester Freund ein paar Wochen auf einer Mittelmeerinsel, und sie wollte etwas erleben während seiner Abwesenheit. In zwei Wochen hieß es dann vielleicht: „Es war schön mit dir, aber …“
Wie auch immer, eine Weile würde er sich noch mit dem verbliebenen Geld über Wasser halten und die Bedeutung seiner Begegnung mit Eva ausloten können. Und wenn sein innerer Zyniker sich, wie eben, zu Wort meldete, würde er ihm einfach den Mund verbieten.

Mit einem eigenartigen Gefühl stand Mario vor Evas Hauseingang. Später Herrenbesuch mit Reisetasche. Er klingelte und drückte die schwere Holztür auf, als es summte. Das Licht im Hausflur wurde angeknipst, und Mario stieg die Treppen hoch.
Die Wohnungstür war angelehnt, Mario trat die Schuhsohlen auf der Fußmatte ab, ging hinein und schloß die Tür hinter sich. Von Eva keine Spur. Leise Musik. Der angenehme Geruch von Sandelholz-Räucherstäbchen. Mario stellte die Reisetasche an der Garderobe ab, hängte seine Jacke auf und ging in das Zimmer.
Eva saß auf der großen Matratze und lächelte ihn an. Kerzen brannten, eine warme Atmosphäre erfüllte den Raum. Mario atmete tief ein und erwiderte ihr Lächeln.

„Hallo, Eva. Geht es dir wieder besser?"
„Ja. Magst du auch Tee?"
Mario nickte. Eva goß ihm ein. Er schaute auf ihre Hand. Dann hob er seinen Blick auf ihr Gesicht. Was findest du eigentlich an mir, hätte er fast gefragt. Aber vielleicht wußte sie es selber nicht, und seine Frage hätte sie in Verlegenheit gebracht.
Und er? Was fand er an ihr? Daß sie attraktiv war und liebenswürdig, konnte ein Blinder sehen. Ihr Lächeln war einfach hinreißend. Aber das war nicht das Entscheidende. Es war etwas, das sie in sich hatte, das sie ausstrahlte. Ein gewisses Etwas, dem Mario noch bei keiner Frau begegnet war, zumindest nicht in dieser Deutlichkeit. Er spürte es immer wieder in ihrer Nähe. Es war, als hätte sie die Fähigkeit, alles um sich herum sanft zu berühren und mit Leben zu erfüllen. Die Kraft, eine Atmosphäre entstehen zu lassen, die jedes banale Wort, jede überflüssige Geste ausschloß. Die ebenso seltene wie kostbare Gabe, Kommunikation auf das Entscheidende zu beschränken und dadurch zu intensivieren.
Mario wußte nicht, was er sagen sollte, aber er spürte, daß es so in Ordnung war. Evas Schweigen hatte etwas Aufnehmendes, Akzeptierendes. Es war egal, ob er sprach oder schwieg. Hauptsache, er war da.
Wie soll ich es nennen, dachte Mario. Ich sitze hier, sie sitzt dort. Wir schauen uns an – und ich spüre es im ganzen

Körper! Intensität? Nähe? Ein schönes Gefühl? Und ich dachte, ich hätte mein inneres Lächeln für immer verloren. Ihre Gegenwart geht mir unter die Haut! Oder mache ich mir etwas vor? Übertreibe ich, um Grund genug zu weiterer Neugier zu haben? Ich muß mir diese inneren Monologe abgewöhnen, sie lenken mich vom Eigentlichen ab. Ich kommentiere und hinterfrage, anstatt zu fühlen, zu erleben. Eine schlechte Angewohnheit. Ich sollte diesem Gefühl seine Freiheit lassen, unerklärt, unbenannt – es einfach einatmen wie einen bezaubernden Duft, der plötzlich in der Luft liegt.

„Was hast du gemacht in den letzten Stunden?" Evas ruhige Stimme machte ihn wieder hellhörig.

„Ich habe meine Reisetasche aus dem Schließfach geholt und im Bahnhofsrestaurant etwas gegessen. Dann bin ich noch ein bißchen durch die Innenstadt gelaufen."

„Und hast nachgedacht", behauptete Eva.

Mario nickte. „Vor ein paar Stunden wirktest du auch nachdenklich."

Evas Gesicht wurde ernst.

„Wie geht es deiner Großmutter?" fragte er.

Sie schüttelte abwehrend den Kopf. „Laß uns jetzt nicht darüber reden."

„Gut" sagte er.

Sie nickte.

Sie ist sanftmütig, dachte Mario, aber sie weiß, was sie will. Jetzt kommentiere ich schon wieder! Warum eigentlich? Habe ich Angst vor dem Gefühl, das ich in ihrer Nähe

spüre? Es ist doch sehr angenehm. Oder ist es eher eine alte Gewohnheit, geboren aus Gefühllosigkeit, die jetzt völlig unangebracht ist und nur stört?
„Es war irgendwie seltsam, mit meiner Reisetasche die Treppen zu deiner Wohnung hochzusteigen."
„Inwiefern?"
Mario lachte unwillkürlich. „Ich weiß es nicht."
Sie lachte mit. „Und wie fühlst du dich jetzt?"
„Gut. Richtig gut. Es erschreckt mich fast ein bißchen."
„Was ist daran erschreckend, sich gut zu fühlen?"
„Das Unverhoffte hat oft etwas Erschreckendes", antwortete Mario nach kurzem Zögern, „einerlei ob es gut oder schlecht ist. Einfach, weil es uns verändern kann. Weil es uns aus unserer Routine reißen kann, unter der wir leiden, an der wir aber hängen, denn sie gibt uns Halt und Bequemlichkeit als Ersatz für nicht gelebte Gefühle. Wer seine Gefühle voll und ganz leben kann, braucht keine Routine. Aber wer kann das schon?"
„Konntest du es nicht?" Eva sah ihn fragend an. „Du konntest doch viele Jahre lang ohne Zwang leben, tun und lassen, was du wolltest. Du warst völlig frei!"
„Ja, die Voraussetzungen dazu hatte ich. Aber um seine Gefühle ganz leben zu können, müssen sie erst mal entstehen. Und das erfordert Ereignisse und Begegnungen, die man mit Geld und Freiheit nicht kaufen kann. Ich habe das Glück gesucht wie einen Schatz, habe es gejagt wie ein wildes Tier. Ich habe Länder, Städte, Orte, Wohnungen, Häuser auf ihre Glückstauglichkeit geprüft. Irgendwo gibt

es den für mich idealen Ort, dachte ich. Ich wollte ihn finden, um dort mit der idealen Frau zu leben, der ich bestimmt begegnen würde. Und dann würde ich wunschlos glücklich sein. Mit solchen rosaroten Träumen bin ich losgezogen, doch sie stießen immer wieder frontal mit der Realität zusammen. Bei diesen Unfällen starben immer die Träume, während die Realität unversehrt davonkam. Die Jahre vergingen, es passierte auch viel Gutes, aber nicht wirklich das, was ich im Innersten erhofft hatte. Vielleicht habe ich es ja nicht gefunden, weil ich es zu sehr gesucht habe."

Mario trank einen Schluck Tee, bevor er weitersprach: „Die Liebe, die ich mir in meiner jugendlichen Naivität als Tür ins Glück vorstellte, entpuppte sich ein ums andere Mal als ein emotionales Schlachtfeld, auf dem die schönsten Gefühle zuerst sterben. Solange die gegenseitige Zuneigung intensiv genug ist, kann sie die zwangsläufig auftretenden Unstimmigkeiten und Konflikte zwischen zwei Individuen in Schach halten. Läßt die Intensität der Anziehung nach, was früher oder später passiert, artet die Liebe zu einem Kampf aus. Dieser Kampf kostet Kraft, und so wird schließlich ein Waffenstillstand geschlossen, bis jemand ihn bricht, und der Kampf aufs neue beginnt. Vielleicht ist es ja unmöglich, einen Menschen dauerhaft wirklich zu lieben. Menschen sind voller Unzulänglichkeiten, aber Liebe sucht immer das Perfekte, die Traumerfüllung. Doch da sie zwischen zwei unvollkommenen Menschen entsteht, kann sie gar nicht perfekt sein."

„Aber man kann doch auch das Unzulängliche und Unvollkommene lieben! Alles in dieser Welt ist doch unvollkommen. Sonst könnte man doch gar nichts und niemanden mehr lieben“, stellte Eva fest.
„Nicht mehr zu lieben wäre nur konsequent“, entgegnete er, aber Eva schüttelte leidenschaftlich den Kopf.
„Nicht mehr zu lieben wäre der größte Fehler! Die Liebe darf doch vor Unzulänglichkeiten nicht kapitulieren! Ich liebe eine Frau, die im Sterben liegt. Der Krebs hat Lisas Körper verwüstet. Sie bekommt täglich Spritzen gegen ihre Schmerzen. In ihrem Zustand spiegelt sich die ganze Unvollkommenheit des Menschen: von Schmerzen geplagt, auf Pflege angewiesen, hilflos den Tod erwartend. Und ich liebe sie umso mehr. Ich bin jedesmal am Boden zerstört, wenn ich bei ihr war. Ich könnte weinen und schreien, wenn ich bei ihr bin, und dennoch lächele ich.“
Mario senkte den Kopf.
Eva seufzte. „Ich wollte eigentlich gar nicht über meine Großmutter reden … Meine Mutter starb durch einen Autounfall, als ich fünf war. Danach wurde Lisa meine Mutter. Mein Vater war beruflich viel im Ausland. Er kam ein paarmal im Jahr nach Hause, brachte mir hübsche Geschenke mit, hatte aber nie richtig Zeit für mich. Also mußte Lisa auch noch Vater für mich sein. Sie hat unendlich viel für mich getan, und ich kann nichts mehr für sie tun – außer sie zu lieben. Aber das macht sie nicht gesund. Sie hat solange darauf bestanden, die Wahrheit über ihren Zustand zu erfahren, bis sie es ihr schließlich gesagt haben.

Sie weiß, daß sie nur noch ein paar Wochen zu leben hat. Sie ist eine so …"
Eva schluckte und schüttelte mit unsäglich hilfloser Miene den Kopf.
„Das tut mir sehr leid", sagte Mario leise. Eva schloß die Augen. In diesem Augenblick hätte er gern ihren Kopf in seine Hände genommen und ihn sanft gestreichelt, aber er hatte Angst, sie zu erschrecken.
„Laß uns jetzt nicht mehr von Lisa reden!" entschied sie.
„Warum nicht?" widersprach Mario. „Sie beschäftigt dich, und wir sollten über das reden, was dich beschäftigt."
„Und was beschäftigt dich?"
„Du. Deine Gegenwart, hier und jetzt."
Sie schaute ihn an. Ihm wurde erneut bewußt, wie gern er ihr ins Gesicht sah. Es veränderte sich ständig und zeigte sich immer wieder in einem neuen Licht. Ein Gesicht, das nie langweilig wird, dachte Mario. Ein ausdrucksstarkes, unverwechselbares Gesicht. Schön anzuschauen, selbst wenn es Traurigkeit und Verzweiflung spiegelt. Das mit Lisa muß sehr schlimm für sie sein. Gibt es denn auf diesem heillosen Planeten keinen einzigen Menschen, der rundum glücklich ist?
„Woran denkst du, Mario?"
Diesmal fiel es ihm leicht, ihr seine Gedanken zu offenbaren: „Warum hat die Natur uns mit einem starken Verlangen nach großem Glück in ein Leben geschickt, das dieser Sehnsucht so gut wie keine Chance auf Erfüllung gibt?"

„Solange überhaupt eine Chance besteht, darf man die Hoffnung nicht aufgeben“, sagte sie.

Als Mario am nächsten Morgen auf seiner Luftmatratze aufwachte, suchte sein Blick Eva vergeblich. Im ersten Augenblick war er enttäuscht, dachte aber dann, daß sie vielleicht nur Brötchen für das Frühstück holte.
Auf dem Tisch lag ein Zettel. Mario nahm ihn in die Hand und las: „Ich wollte dich nicht wecken. Freitag morgens arbeite ich immer für Greenpeace. Hast du Lust, danach mit mir zusammen zu essen? Ich bin um ein Uhr in der Pizzeria La Gondola beim Marktplatz. Eva.“

Eva hob den Arm und lächelte, als Mario das Restaurant betrat. Er freute sich, ihr wieder nah zu sein, und setzte sich zu ihr an den Tisch.
„Es fiel mir ein bißchen schwer, heute früh zu gehen“, gestand sie, „aber es mußte sein. Bei Greenpeace ist immer viel zu tun.“
„Was machst du dort?“
„Nichts Aufregendes. Vor allem Bürokram. Briefe beantworten, Rundschreiben korrigieren, Telephongespräche annehmen, Spendenbelege und Dankesschreiben verschikken und so weiter. Eigentlich ist Büroarbeit überhaupt nicht mein Ding. Aber für Greenpeace tu ich es gern.“
„Bezahlen sie dich dafür?“
„Nein, das würde ich auch nicht wollen.“
„Dann bist du eine Idealistin?“

Eva schüttelte den Kopf. „Für mich ist das kein Idealismus, denn unsere Umwelt ist real. Und sich für sie einzusetzen heißt, unsere Lebensbedingungen zu verteidigen, also unser aller Leben und unsere Zukunft. Die Leute, die unsere Erde verwüsten und vergiften, das sind Idealisten – allerdings mit den falschen Idealen: Verantwortungslosigkeit, Rücksichtslosigkeit, Profitsucht, Egoismus."

„Und was wären die richtigen Ideale?"

„Ich sehe vor allem ein richtiges Ideal, und das heißt Wandel. Wir müssen uns ändern, ein neues Bewußtsein entwickeln und uns an besseren Lebenswerten orientieren. Wir brauchen mehr Umsicht und Einsicht in ökologische Zusammenhänge. Wir müssen unsere große Verantwortung für das Leben auf der Erde verstehen und in Taten umsetzen. Aus Einsicht gewachsene Veränderung – das ist die einzige Chance, vom Katastrophen-Kurs abzukommen."

„Menschen tun sich schwer, wenn es darum geht, sich zu verändern", sagte Mario. „Sie sind Sklaven ihrer Gewohnheiten, so destruktiv sie auch sein mögen."

Eva sah Mario unwillig an, aber er überging ihren Blick und sprach weiter: „Ich habe nicht allzu viel Glauben an die Lernfähigkeit der Menschen! George Bernhard Shaw hat mal gesagt: Wir lernen aus Erfahrung, daß die Menschen nichts aus Erfahrung lernen."

In diesem Augenblick kam der Kellner an ihren Tisch, begrüßte sie gutgelaunt und fragte nach ihren Wünschen. Eva bestellte eine Pizza und ein Glas Apfelsaft.

„Für mich das gleiche", sagte Mario.

„Deine Augen sind traurig, aber deine Worte klingen eher verächtlich“, sagte Eva. „Man könnte fast glauben, daß du ein Menschenfeind bist.“
Mario schüttelte den Kopf. „Nein, das bin ich bestimmt nicht. Vielleicht habe ich einfach nur zu viel von den Menschen erwartet. Damals, bevor der Lottogewinn kam, studierte ich Ethnologie. Das studierst du nur, wenn du Interesse an Menschen hast, wenn du neugierig auf die unterschiedlichen Lebensarten und Kulturen bist, die sie entfaltet haben. Auf meinen Reisen habe ich Eindrücke von vielen Kulturen und Nationen gewonnen. Ich habe erlebt, wie entsetzlich Menschen mit Menschen umgehen können, wenn sie nicht die ‚richtige‘ Hautfarbe, die ‚richtige‘ Religion, die ‚richtige‘ Weltanschauung haben. Das sogenannte Böse entsteht aus der Intoleranz, aus dem Vergessen, daß der andere ein fragiler, sterblicher Mensch ist wie du selbst, aus der arroganten Überzeugung, daß du besser bist. Intoleranz ist die Wurzel – Diskriminierung, Haß, Zerstörung, Mord sind die giftigen Früchte. Ich verachte die Menschen nicht, aber wie kann man eine Rasse lieben, die nicht lieben kann? Die nicht mal tolerant gegenüber ihren eigenen Spielarten ist und aus dem Andersartigen das Bösartige macht, um es mit gutem Gewissen bekämpfen zu können? Wie kann man eine Rasse lieben, die ihre Artgenossen foltert und mordet – und sich dabei noch für die Krone der Schöpfung hält?“
Eva schüttelte den Kopf. „Du verallgemeinerst das alles zu sehr! Sehr viele Menschen auf der ganzen Welt kämpfen

gegen Intoleranz, gegen Diskriminierung und Folter, gegen Hunger und Militarismus. Warum siehst du die Menschen nur so einseitig? Was hast du denn von ihnen erwartet? Etwa, daß sie aus der Welt einen Garten Eden machen?"

„Was ich erwartet habe? Vielleicht mehr Toleranz und Ehrlichkeit. Sicherlich mehr Freundlichkeit. Mehr Mitgefühl und Offenheit. Und mehr seelische Gesundheit."

„Was verstehst du unter seelischer Gesundheit?"

„Eine konstruktive Art des Denkens und Fühlens und ein entsprechendes Verhalten: aufbauend und nicht zerstörend. Oder würdest du einen Menschen als seelisch gesund betrachten, der sein eigenes Haus verdreckt und verseucht, der seinen eigenen Wohnraum zerstört? So einen Menschen würde man als psychisch krank bezeichnen, als therapiebedürftig. Die Menschheit macht das gleiche im großen Stil mit der Verwüstung ihres Wohnraums Erde. So viele Menschen schlafen immer noch mit offenen Augen."

„Du siehst wieder nur die negative Seite, Mario. Wo Kranke sind, gibt es auch Ärzte und Pfleger. Wo Krankheit herrscht, gibt es auch Therapie und Hoffnung auf Heilung."

Mario verzog den Mund. „Und wenn hundert seelisch Kranke auf einen Heiler kommen? Ist es da nicht viel wahrscheinlicher, daß sie den Therapeuten krank machen, als daß er die Kranken heilt?"

„Ich glaube", antwortete Eva, „daß jeder seelisch Kranke bewußt oder unbewußt den Wunsch hat, gesund zu werden. Und daß er Hilfe annimmt, wenn man sie ihm auf die richtige Weise anbietet. Du hast gesagt, daß viele Menschen mit offenen Augen schlafen. Aber wenn man sie aus ihrem Schlaf holt, kann man sie heilen. Wenn man ihnen bewußt macht, was sie tun. Daß es ihre Meere sind, die sie verseuchen. Ihr Klima, das sie aus dem Gleichgewicht bringen. Ihre Luft, die sie verpesten. Ihre Zukunft, die sie gefährden."

„Glaubst du wirklich", fragte Mario leise, „daß jeder seelisch Kranke den Wunsch hat, gesund zu werden?"

„Ja, ich glaube es."

„Und wenn es schon zu spät ist? Wenn die Krankheit unheilbar geworden ist?"

Mario fing einen Blick von Eva auf, der ihn verstummen ließ. Ein trauriger, hilfloser Blick, der ihm unter die Haut ging und ihm bewußt machte, daß er sie mit seinen Worten an Lisa erinnert hatte.

In das beklemmende Schweigen platzte der Kellner mit seiner guten Laune und brachte die Pizzen und die Getränke.

Sie aßen und tranken schweigend und gingen anschließend zu Evas Wohnung, ohne ihr vorheriges Gespräch fortzusetzen. Er warf einen Seitenblick auf ihr Gesicht. Sie bemerkte es und schenkte ihm ein Lächeln. Das ist das wahre Leben – in diesen Augen, dachte er.

Sie saßen schon eine Stunde in Evas Zimmer. Mario hatte auf ihre Bitte hin von seinen zwei Jahren in Rio de Janeiro zu erzählen begonnen. Er empfand Evas innere Offenheit für seine Worte als ein Licht, das ihm half, in seine Erinnerungen hineinzuleuchten und sie lebendig, gegenwärtig zu machen.

Mario schilderte die krassen Gegensätze zwischen den Armen und Reichen, das verrückte und manchmal gefährliche Chaos des Stadtlebens von Rio, die ansteckende Lebensfreude der Brasilianer, die beim alljährlichen Karneval Schaulustige aus aller Welt anlockt. Er steigerte sich in einen regelrechten Erzählrausch hinein, aus dem ihn erst Evas Gähnen riß.

„Langweile ich dich?"

„Im Gegenteil. Du erzählst sehr gut, weißt du das? Man hat das Gefühl, richtig dabei zu sein. Ich bin nur in letzter Zeit manchmal so müde – seit Lisa im Sterben liegt. Manchmal habe ich so wenig Kraft, daß ich fast erschrecke. Ich lege mich hin, will eine Stunde lesen und schlafe nach ein paar Seiten ein. Und heute war den ganzen Morgen Dauerstreß im Greenpeace-Büro."

„Du brauchst dich nicht zu rechtfertigen. Wenn du ein bißchen schlafen willst, gehe ich."

Sie schüttelte den Kopf. „Nein, bitte bleib – wenn du magst!"

Sie warf ihm einen lieben Blick zu, zog sich die Jeans aus und legte sich unter die Decke.

Nach wenigen Minuten hatte Mario das Gefühl, daß sie eingeschlafen war. Ihr Atem floß sanft und gleichmäßig.

Vorsichtig stand er auf und ging auf leisen Sohlen zum Fenster. Draußen fiel Regen aus grauen Wolkenmassen und brachte das Kopfsteinpflaster der Straße zum Glänzen. Wahllos zog er ein paar Bücher aus dem Regal neben dem Fenster und setzte sich. Doch keins der Bücher konnte sein Interesse länger als ein paar Minuten binden, und so stellte er sie ins Regal zurück. Dabei glitt ihm ein Buch aus der Hand und fiel zu Boden.
Eva murmelte etwas Unverständliches und drehte sich auf die andere Seite. Mario stellte erleichtert fest, daß er sie nicht geweckt hatte. Der Schlaf war für ihn heilig, denn im Schlaf konnte man die Welt vergessen, sich eine andere, bessere Wirklichkeit erträumen und so die Seele trösten und entschädigen für die Enttäuschungen und Entbehrungen, die ihr von der Realität aufgebürdet wurden.
Leider waren die schönen Träume bei ihm mit den Jahren seltener geworden. Er träumte in letzter Zeit auch weniger als früher, oder erinnerte sich nicht mehr so gut an seine Träume. Und wenn er sich erinnerte, waren es manchmal traurige, entmutigende Bilder, die sein Traumregisseur produziert hatte: Szenen, in denen er die Rolle des Verlierers spielte und die er möglichst schnell zu vergessen versuchte.
Eva schien gut zu träumen. Sie lag jetzt so, daß er ihr Gesicht sehen konnte. Es hatte einen entspannten, vertrauensvollen Ausdruck, der einen unwiderstehlichen Reiz auf Mario ausübte.
Sie sah so faszinierend aus, daß er seinen Blick nicht von ihr lassen konnte. Wie lange war es her, daß ihn etwas so

gebannt hatte wie das Gesicht dieser schlafenden Frau mit dem Ausdruck vertrauensvoller Schutzlosigkeit?
Mario versank immer tiefer in der Betrachtung ihres Gesichtes. Er vergaß alles um sich herum und schließlich auch sich selbst. Sein besserwisserischer innerer Kommentator schwieg, als hätte er nie ein Wort gesprochen. Es war still in Marios Bewußtsein. So still wie lange nicht, wie vielleicht noch nie zuvor. Er fühlte wieder, daß er lebte – und nahm dieses Gefühl wie eine liebe, langvermißte Freundin dankbar in sein Herz auf. Sein ganzer Körper war entspannt und warm. Etwas in ihm war an den richtigen Platz gerückt worden.
Vorsichtig stand Mario auf und ging mit leisen Schritten zu Eva. Langsam setzte er sich im Schneidersitz vor ihr auf den Boden, ohne den Blick von ihrem Gesicht abzuwenden, dessen Unschuld und Schönheit ihn magisch anzogen. Als wolle er ganz sichergehen, daß dort ein Wesen aus Fleisch und Blut lag, beugte er sich zu Eva hinunter, bis sein Gesicht ganz nah an ihrem war. Mit ungekannter Wachheit nahm er ihre Gesichtszüge in sich auf.
Langsam näherten seine Lippen sich der Stirn der Schlafenden. Zärtlich und innig küßte er sie – und fühlte einen warmen Schauer wellenartig durch seinen Körper fließen. Überrascht und fast erschrocken über die Stärke und Schönheit dieses Gefühls zog Mario seinen Kopf zurück, stand leise auf und hockte sich wieder auf das Sitzkissen.
Nach einer Weile stand er erneut auf. Mit einem Lächeln, das ihm selbst nicht bewußt war, blickte er aus dem Fen-

ster auf die glänzenden Häuserdächer. Der Regen hatte an Stärke zugenommen und prasselte aufs Dach – ein Geräusch, das Mario schon immer gemocht hatte. Davon abgesehen mochte er verregnete Tage nicht. Er hatte sich in den letzten fünfzehn Jahren am liebsten in warmen, sonnigen Ländern aufgehalten. Von einem Strand war er zum nächsten gereist, von einer Insel zur anderen geflogen, in leichter Kleidung, mit wenig Gepäck, braungebrannt und sorglos. Er hatte in Luxushotels gewohnt, in der Sonne gefaulenzt und sich mit Schwimmen, Tennis und Windsurfen fit gehalten. Was für andere die schönsten Wochen des Jahres waren, war anderthalb Jahrzehnte lang sein Alltag gewesen. Er hatte an den reizvollsten Orten der Welt Urlaub gemacht, um schließlich festzustellen, daß der Aufenthalt in einem angenehmen, sonnigen Klima, daß Sorglosigkeit, Muße und ein dickes Geldpolster allein nicht ausreichten, um einen Menschen wirklich glücklich zu machen – zumindest nicht ihn.

Seine Suche nach dem Glück hatte ihm letztlich nichts eingebracht als die bittere Erkenntnis der Vergeblichkeit seiner Sehnsucht. Im Grunde hätte er ebensogut in Deutschland bleiben können, denn das Glück kümmerte sich nicht um klimatische oder geographische Gegebenheiten. Es war auf Honolulu nicht leichter zu entdecken als in der norddeutschen Tiefebene. Wahrscheinlich gehörte unglaubliches Glück dazu, das Glück zu finden. Vielleicht hätte er sich von seinem Lottogewinn besser ein hübsches Haus kaufen und den Rest des Geldes für sich

arbeiten lassen sollen. Dann stände er jetzt nicht mit leeren Taschen und ohne Zukunftsperspektive da.
Mario wischte seine Gedanken vom Tisch, für die es ohnehin zu spät war. Wenn man einen Weg gegangen war, der einen nicht ans Ziel seiner Wünsche gebracht hatte, bereute man gern seine Entscheidung – und vergaß darüber, daß der Weg, den man nicht gewählt hatte, vielleicht auch nicht besser gewesen wäre.
Sein Blick fiel unwillkürlich wieder auf Evas entspanntes Gesicht. Sofort verschwanden seine Gedanken, und er war erneut ganz Auge. Wie beim ersten Mal ging er völlig im Schauen auf. Es war für ihn fast ein Schreck, als Eva ihre Augen öffnete, und ihre Blicke sich unvermittelt trafen.
Sie wirkte von einem Moment auf den anderen hellwach.
„Habe ich lange geschlafen?“
„Vielleicht eine knappe Stunde.“
„Und du? Was hast du gemacht?“
„Die meiste Zeit habe ich nur hier gesessen und dich angeschaut – dein Gesicht.“
„Du hast mich die ganze Zeit lang angeschaut?“
„Naja, fast die ganze Zeit.“
„Ah. Und was hast du noch gemacht?“
„Aus dem Fenster geguckt. Nachgedacht. Ein bißchen gelesen. Und ...“
Mario wich Evas Blick aus. Er hatte ganz beiläufig sagen wollen: Und dir einen Kuß auf die Stirn gegeben. Aber im letzten Moment bekam er Angst vor seiner eigenen Courage.

„Und?“ hörte er Evas Stimme.
Mario biß sich auf die Unterlippe. Wann war er zum letzten Mal so verlegen gewesen?
„Du magst es nicht sagen?“
Mario kratzte sich über dem Ohr und nickte. Er vermied es, Eva in die Augen zu schauen.
„Das ist gemein“, sagte sie mit gespielter Entrüstung. „Erst machst du mich neugierig, und dann verschlägt es dir die Sprache.“
„Ich traue mich nicht.“
„Er traut sich nicht! Wenn du es nicht sagen magst, zeig es mir! Vielleicht ist es dann leichter.“
Mario zögerte, bevor er sagte: „Gut. Ich zeige es dir. Aber du mußt die Augen schließen.“
„Wenn ich sie schließe, sehe ich nicht, was du tust.“
„Das brauchst du auch nicht.“ Mario stand auf. „Du mußt sie geschlossen lassen. Du schläfst, sonst kann ich es dir nicht zeigen.“
„Okay.“ Eva schloß die Augen. „Ich schlafe. Ich sehe nichts. Kann ich es hören?“
Auf einmal hatte er keine Angst mehr, etwas Falsches zu tun.
„Wer schläft, kann auch nichts hören“, sagte er leise. „Aber du kannst es träumen.“
Er ging auf Eva zu und hockte sich wieder im Schneidersitz vor ihr auf den Boden. Dann beugte er sich langsam zu ihr hinunter. Sie mußte spüren, daß sein Gesicht jetzt ganz nah an ihrem war. Ihre Wimpern zuckten leicht, aber ihre

Augen blieben geschlossen. Sie schien den Atem anzuhalten. Als er ihre Stirn küßte, fühlte er sich erneut von einem warmen Schauer durchströmt und beglückt.
Unvermittelt öffnete sie ihre Augen und sah ihn an – mit einem Blick, der ihm unvergeßlich bleiben würde. Du mußt jetzt aufstehen und zum Sitzkissen zurückgehen, meldete sich eine Stimme in seinem Bewußtsein, damit es so ist wie eben! Aber er hörte nicht hin. Er spürte, wie es immer stiller in ihm wurde. Kein Gedanke trübte sein Gefühl, das voller Zärtlichkeit in Evas Blick strömte.
Dann kam ihr lächelndes Gesicht näher und näher, und Mario war es, als hätte er einen wunderschönen Traum. Er schloß seine Augen und fühlte ihre Lippen warm und weich auf seinem Mund – und dann in seinem ganzen Körper.
Sie küßten sich, als gäbe es nichts mehr auf der Welt als ihren Kuß.

Es dämmerte schon, als sie aufstanden und sich ein kleines Abendessen machten. Sie sprachen wenig und schenkten sich immer wieder zärtliche Blicke.
Mario schien es, als habe er noch nie so klar gesehen und empfunden. Er sah Eva immer wieder an und streichelte ihre Augen, ihren Mund, ihre Haare mit seinem Blick. Er spürte ihre Nähe, und sie tat ihm so gut. Sie hatte etwas tief in ihm berührt und zu neuem Leben erweckt, das ihm als tot erschienen war.
Es gibt Türen in uns, dachte er, hinter denen unser wahres Leben auf seine Entdeckung wartet. Doch nur ein anderer

Mensch kann sie für uns öffnen, mit dem Schlüssel seiner Liebe. Es war das erste Mal seit langer Zeit, daß Mario das Wort Liebe denken konnte, ohne sich von seinem inneren Kommentator eine spöttische oder zynische Zurechtweisung einzuhandeln. Der sonst so schlagfertige Verwalter seiner gesammelten Enttäuschungen war sprachlos. Die letzten Stunden waren anscheinend zuviel für ihn gewesen. Bleib stumm, alter Zyniker, dachte Mario, und sieh dir an, was passiert. Vielleicht kannst du etwas lernen.
Eva goß ihm Tee ein. Sein Blick folgte den anmutigen Bewegungen ihrer Hand. Wie war es möglich, daß ein Mensch, daß ein paar Stunden mit einem Menschen so viel verändern konnten?
Als Eva ihr Glas in die Hand nahm, hob er seins und sagte spontan: „Auf das Leben!"
Plötzlich veränderte sich Evas Gesichtsausdruck. Eben noch lächelnd, wirkte es auf einmal ernst, ohne daß Mario einen Grund dafür erkennen konnte.
„Eva, was ist?"
„Ich habe total die Zeit vergessen. Und Lisa! Ich habe ihr gestern versprochen, sie heute um sechs Uhr zu besuchen. Es ist bestimmt schon nach sechs!"
Mario drehte sich um und sah auf den Wecker auf dem Regal. „Ja, es ist viertel nach sechs."
Eva stellte das Glas ab, ohne zu trinken. „Wir trinken auf das Leben, während Lisa im Sterben liegt. Und ich vergesse sie!"
Mit beschämtem Gesicht beugte sie sich vor und nahm

Marios Hand. „Ich muß zu Lisa. Ich würde so gern bleiben, doch ich muß mein Versprechen halten. Aber ich komme bald wieder!"

Sie stand auf und schlüpfte in ihre Schuhe. Mario lag die Frage auf der Zunge, ob er sie ins Krankenhaus begleiten könne, aber er sprach sie nicht aus. Wenn Eva wollte, daß er mitkäme, hätte sie es ihm gesagt. Er wäre jetzt gern mit ihr zusammengeblieben, verstand aber, daß sie nicht so einfach einen Fremden zu ihrer Großmutter mitnehmen konnte.

Eva zog sich eine Jacke an und setzte sich zu ihm. Sie legte ihren Kopf an seine Schulter und flüsterte: „Wartest du auf mich? Wenn ich weiß, daß du hier bist, wenn ich wiederkomme, fällt mir das Gehen leichter."

„Ja. Ich bleibe hier. Wenn Lisa enttäuscht ist, daß du so spät kommst, sag ihr, es sei meine Schuld."

„Vielleicht ist sie im ersten Moment enttäuscht. Aber wenn ich ihr erkläre, warum ich mich verspätet habe, wird sie sich für mich freuen."

Sie umarmten sich. Dann ging sie.

Mario stand auf und stellte sich ans Fenster. Als er Eva unten auf dem Gehweg sah, schaute sie zu ihm hoch, als habe sie seinen Blick gespürt.

Mario machte es sich auf Evas Matratze bequem und blätterte in einem Reisemagazin. Ein Bericht über den Karneval in Rio weckte sein Interesse, erwies sich aber als so oberflächlich geschrieben, daß Mario ihn nicht zu Ende las. Sein Blick fiel auf einen Schreibblock, auf dem

ein Stift lag. Unwillkürlich griff er danach.
Mario schrieb rund zwanzig Seiten an einem Stück. Nur der Anfang war ihm schwergefallen. Dann hatte ein Satz den nächsten ergeben, als käme es beim Schreiben nur darauf an, sein Boot in die richtige Strömung zu bugsieren und sich mit dem Fluß der Gedanken treiben zu lassen. Es war ein faszinierendes Erlebnis, das ihm ein Gefühl der Befriedigung schenkte.
Vielleicht sollte er Bücher schreiben? Er hatte in den letzten fünfzehn Jahren genug erlebt, um damit mehrere Bücher zu füllen. Eva hatte ihm gesagt, daß er gut erzählen könne. Und Schreiben war eine Form des Erzählens, von der man leben konnte, wenn man die Leser zu berühren, zu bannen verstand.
Das hatte ihm zumindest der deutsche Reiseschriftsteller verraten, dem er im Flugzeug nach New York und in San Francisco begegnet war – vielleicht doch nicht ganz zufällig?

Mario und Eva begrüßten sich mit einer innigen Umarmung.
„War ich zu lange fort?"
Er schüttelte den Kopf. „Du warst überhaupt nicht fort", sagte er und lächelte über ihre überraschte Miene. „Du hast neben mir gesessen und mir zugehört. Ich habe dir vom Karneval in Rio erzählt. Zwanzig Seiten lang. Schau!"
Mario zeigte ihr den so gut wie vollgeschriebenen Block.
Eva blätterte darin, las ein paar Sätze und lächelte Mario an. Unvermittelt bekamen ihre Augen einen traurigen Ausdruck. „Meine arme Lisa", flüsterte sie sanft.

Mario nahm sie behutsam in den Arm und streichelte ihr Haar. Als habe seine Umarmung eine Anspannung in ihr gelöst, begann sie zu weinen – leise, fast lautlos. Er drückte sie an sich und sagte nichts, stellte keine Fragen.

Nach und nach ließ Evas Traurigkeit nach, und schließlich löste sie sich sanft von ihm, zog Jacke und Schuhe aus und ging ins Badezimmer. Er hörte, wie sie die Dusche anstellte. Auch er ging immer gern unter die Dusche, wenn ihn etwas bedrückte oder traurig gemacht hatte.

Er las, was er während Evas Abwesenheit geschrieben hatte. Rio, die verrückteste und widersprüchlichste Stadt der Welt, wurde wieder für ihn sichtbar, fühlbar, greifbar. Er meinte fast, ihre bunten Geräusche und exotischen Gerüche hören und riechen zu können, als er von den Menschen im Samba-Fieber las, deren Tanz vor Erotik, Musikalität und Temperament sprühte.

Das waren die Fassaden, die auch der Reisemagazin-Artikel gut beschrieb. Aber man mußte hinter die Kulissen der Stadt geblickt und gesehen haben, mit welcher Schamlosigkeit die Reichen in Rio ihren Wohlstand zur Schau stellten, während die Armen um ihre nächste Mahlzeit kämpften. Man mußte den Sumpf aus Not, Elend und Überlebenskriminalität in den Favelas kennengelernt haben, um Rios phantastische Blüten, die sich zur Zeit des Karnevals entfalteten, wirklich verstehen und bewundern zu können. Denn sie waren ein ganz großes Trotzdem, ein Sieg der Lebensfreude, ein Triumph des Lächelns und des

Lachens über eine bedrückend ungerechte soziale Realität. Mario legte den Block beiseite, stand auf und ging zum Fenster. Es hatte wieder zu regnen begonnen. Unten auf der Straße liefen Menschen unter Schirmen vorbei. Hier haben fast alle ein Dach über dem Kopf und genug zu essen, dachte er, das soziale Netz gilt als eins der besten der Welt. Doch wenn man durch die Straßen geht, begegnen einem auf Schritt und Tritt Menschen, die ein Gesicht machen, als sei das Leben eine Zumutung. Aber sie täuschen sich. Es gibt Hoffnung, und Sehnsucht nach dem Glück ist kein anderes Wort für Illusion. Vielleicht konnte gerade er, der seine Hoffnung schon so gut wie aufgegeben hatte, diese Botschaft den Menschen glaubwürdig vermitteln.
In diesem Augenblick entschied er sich, ein Buch über seine Reisen zu schreiben, über seine abenteuerliche Suche nach dem Glück, das er auf der ganzen Welt gesucht – und schließlich in derselben Stadt gefunden hatte, wo seine Odyssee um den Globus begonnen hatte.

Mario hörte ein Geräusch und drehte sich um. Eva stand im Türrahmen und sah ihn an. Ihre Haare waren noch naß. Ihre Augen strahlten, auf ihren Lippen lag ein bezauberndes Lächeln.
Als er sie anschaute, schien es ihm, als sei sie ein Geschenk, das er nicht verdient hatte. Er wollte etwas sagen, doch sie hob die Hand und legte ihren Zeigefinger auf die Lippen. Mit langsamen Schritten ging sie auf ihn zu.

VERSCHWIEGENE
GEFÜHLE

Vom ersten Augenblick an fühlte ich mich zu ihr hingezogen. Dabei war sie nicht unbedingt mein Typ. Aber ich bekam ein Gefühl, das mir neu war, als unsere Blicke sich zum ersten Mal trafen. Ein Gefühl, das mich neugierig machte, was ich mir allerdings nicht eingestehen wollte – aus Angst vor möglichen Konsequenzen. Schließlich liebte ich Lena und lebte seit einem Jahr mit ihr zusammen. Und nun stand ihre beste Freundin vor der Tür, von der Lena mir schon viel erzählt hatte, stand da und irritierte mich mit einem einzigen Blick.

Das Auffälligste an ihr war die perfekte Ruhe, die sie ausstrahlte. Sie schien in vollkommener Harmonie mit sich selbst zu leben. Sie bewegte sich mit der Anmut und Sensibilität einer Katze. Ihre Bewegungen hatten etwas Ästhetisches. Ich fand bald heraus, daß es mit ihrer ausgeprägten Konzentrationsfähigkeit zusammenhing. Was immer sie tat, zuhören, Blicke wechseln, reden, Photos anschauen, sie tat es mit einem Höchstmaß an Bewußtheit, wobei ihre Aufmerksamkeit nie gezwungen oder gewollt wirkte, sondern immer natürlich und spielerisch. Selbst die kleinste, scheinbar unwichtigste Handbewegung wie das Nach-hinten-Streichen ihres langen, blonden Haares geschah nicht unbewußt oder automatisch: Sie war ganz und gar darauf konzentriert, machte es, als sei es das erste Mal.

Alles, was sie tat und sagte, wirkte harmonisch und voller Inhalt. Sie hatte eine Art, still vor sich hin zu lächeln, daß man einfach auch lächeln mußte, wenn man es bemerkte.

Sie hatte natürliche Anmut.
Während Yvonnes Besuch schlief ich auf der Couch im Wohnzimmer. Yvonne teilte sich mit Lena das Doppelbett im Schlafzimmer. Lena mußte früh zur Arbeit und verließ die Wohnung immer gegen sieben Uhr.
Yvonne hatte mich gebeten, sie stets gegen zehn Uhr zu wecken. Ich klopfte immer leise bei ihr an. Meistens war sie schon wach und rief mit ihrer melodischen Stimme: „Komm rein". Sie lag im Bett, die Augen weit offen, und lächelte mich an. Sie ging ins Bad, während ich das Frühstück zubereitete. Dann setzten wir uns an den Küchentisch.
Es machte mir Freude, mit Yvonne zu frühstücken. Sie nahm sich Zeit dafür – wie sie sich für alles Zeit nahm. Sie aß langsam und genüßlich. Wir redeten dabei sehr wenig.
Wenn wir wo auch immer zusammen waren, gab es eine wortlose Verständigung zwischen uns, die mich mehr und mehr in ihren Bann zog. Etwas war zwischen uns, und ich spürte, es war mehr als bloße Sympathie, aber was dieses Mehr war, wußte ich nicht. Es war ein neues, wertvolles Gefühl, ebenso stark wie fragil.
Lena bemerkte es, aber nahm es nicht weiter ernst. Einmal, als sie im Park ein Photo von Yvonne und mir machte und durch den Sucher der Kamera guckte, sagte sie lächelnd: „Ihr seht aus wie ein Liebespaar!"

Am letzten Abend ihres einwöchigen Besuchs nahm ich mir vor, Yvonne meine Gefühle für sie zu offenbaren. Es war spät geworden, Lena schlief schon. Wir saßen, wie so oft, schweigend am Tisch zusammen. Wir brauchten keine Worte auszutauschen, unser stilles Beisammensein war für uns mehr als genug. Ich überlegte, wie ich einen Einstieg finden könnte, aber fand die richtigen Worte nicht. Ich wollte nicht sagen: Yvonne, ich empfinde etwas für dich, das mir neu ist. Es ist wertvoll, weit mehr als bloße Sympathie, aber was es ist, weiß ich nicht. Das hätte zwar am ehesten der Wahrheit entsprochen, aber ich wäre mir dabei so vorgekommen, als würde ich versuchen, Wasser in einem Sieb zu tragen. Ich fand die richtigen Worte nicht und hatte Angst, daß die falschen etwas zerstören würden. So blieb ich stumm.

Am nächsten Tag brachten wir Yvonne zum Bahnhof. Wir lächelten zu ihr hoch, als sie am Abteilfenster stand, aber mein Lächeln war gespielt, denn es machte mich maßlos traurig, Yvonne wegfahren zu sehen.

In den folgenden Tagen fühlte ich mich wie zerschlagen. Ich bekam Kopfschmerzen und konnte mich auf nichts mehr richtig konzentrieren, am wenigsten auf Lena. Immer wieder mußte ich an Yvonne denken, und mir wurde klar, daß sie mir etwas gegeben hatte, was Lena mir nicht geben konnte. Manchmal, wenn ich die Augen schloß, erschien das Bild, wie Yvonne am Abteilfenster stand und mich mit ihren ruhigen Augen ansah, vor meinem inneren Auge – und wie dann der Zug anfuhr, fortfuhr, und alles in mir sich verkrampfte. Ich bekam leichtes Fieber und mußte mich ins Bett legen. Ich schrieb Yvonne eine Mail, mehrere

Mails, die ich alle löschte, weil die Worte, die ich geschrieben hatte, am Eigentlichen vorbeigingen.
Ich warf mir vor, ihr meine Gefühle am Abend vor ihrer Abreise verschwiegen zu haben. Vielleicht hatte ich mich in sie verliebt. Vielleicht? Sicherlich hatte ich mich in sie verliebt. Warum wäre ich jetzt sonst so traurig? Ja, ich hatte mich in Yvonne verliebt, ein ebenso starkes wie zärtliches Gefühl für sie war in mir entstanden und gewachsen. Aber ich hatte sie fahren lassen, ohne ihr zu sagen, daß die Saat ihrer Anmut in meinem Herzen aufgegangen war. Wäre ich doch mutiger gewesen! Hätte ich es doch gewagt, ihr meine Gefühle zu gestehen – auch auf die Gefahr hin, nicht die richtigen Worte zu finden!
Etwas in mir starb ab. Wie ein kleiner Pflanzentrieb, der kein Wasser mehr bekam. Es tat mir in der Seele weh.
Ich wollte mit Lena darüber sprechen, ihr alles erklären, aber als ich ihr in die Augen sah, die ich liebte, in denen ich aber vergeblich nach dem suchte, was ich in Yvonnes Blicken gefunden hatte, schnürte mir etwas die Kehle zu, und ich konnte nicht sprechen.
„Wie fühlst du dich?“ fragte sie mit besorgter Stimme.
„Schon wieder besser“, log ich und zwang mich zu einem Lächeln.

Drei Tage später war ich körperlich wieder gesund, aber das Empfinden, mit dem Verschweigen meiner Gefühle etwas falsch gemacht zu haben, setzte mir immer aufs neue zu – meistens, wenn ich es am wenigsten erwartete. Ich hoffte auf die hilfreiche Wirkung der Zeit, aber mußte mir nach zwei Wochen eingestehen, daß die Zeit mir nicht helfen würde. Das mußte ich schon selbst tun.

Ein Traum, den ich von Yvonne hatte, gab mir den Impuls, den ich noch brauchte. In diesem Traum sah sie mich mit großer Zuneigung, aber auch ein wenig vorwurfsvoll an und fragte leise: „Warum hast du geschwiegen?"

Am Tag darauf schrieb ich ihr eine Mail, in der ich ihr alles gestand, was sie in mir bewirkt hatte. Ich überlegte nicht lange und ließ die Worte so fließen, wie sie es wollten, und es waren viele Worte. Zögerlich wurde ich erst, als ich die fertige Mail gelesen hatte. Denn auch diesmal hatte ich das Gefühl, den Weg zu den richtigen Worten nicht gefunden zu haben. Einige Minuten brauchte ich, um mich dazu durchzuringen, die Mail trotzdem abzusenden. Als ich es dann getan hatte, war es so, als fiele mir eine Last von der Seele, die ich viel zu lange getragen hatte.

Mehrmals am Tag sah ich nun in mein Postfach. Yvonne ließ sich mit ihrer Antwort Zeit. Vier Tage vergingen, bis

ich schließlich eine Mail von ihr mit dem Betreff „Schade“ bekam, der mich eine Stunde daran hinderte, sie zu öffnen. Dann gewann meine Neugier die Oberhand.
Es war eine recht kurze Antwort. Sie schrieb, daß auch sie sich in mich verliebt und, wie ich, nicht den Mut gefunden hatte, es auszusprechen. Daß auch sie unter all dem Ungesagten gelitten und mehrmals mit dem Gedanken gespielt hatte, mir zu schreiben. Dann eröffnete sie mir: „Ich habe in der letzten Woche die Zusage für ein einjähriges Praktikum in Kalifornien bekommen. Ich hatte eigentlich gar nicht mehr damit gerechnet, aber bin jetzt glücklich darüber. Nächsten Monat geht es schon los, und es gibt noch viel vorzubereiten.“
Ich las diese Sätze wie unter einem inneren Zwang immer wieder, obwohl sie mir immer aufs neue wehtaten. Ich fühlte mich schwindelig und ging auf den Balkon, um frische Luft zu atmen.
Als es mir etwas besser ging, setze ich mich wieder vor den Monitor und las Yvonnes Mail weiter. Sie schrieb noch, daß vielleicht alles anders verlaufen wäre, wenn einer von uns beiden den Mut aufgebracht hätte, seine Gefühle zu offenbaren. Aber daß es so, wie es gekommen ist, wohl am besten für uns sei. Denn wenn aus unserer Verliebtheit Liebe geworden wäre, hätten wir damit Lena tief verletzt, die von den zwei Menschen, denen sie am meisten vertraute, sehr enttäuscht worden wäre. Unsere Liebe hätte unter keinem guten Stern gestanden, endete Yvonne, und dankte mir für die Tage mit ihr, die sie nie vergessen würde.

Ich las ihre Mail ein zweites und drittes Mal. Und schließlich glaubte ich, daß sie recht hatte. Vielleicht redete ich mir auch nur ein, daß ich es glaubte, weil mir so das Akzeptieren leichter fiel.

Ein paar Tage später träumte ich von Yvonne. Ich sah sie in einer riesigen, überfüllten Flughafenhalle. Als ich auf sie zuging und sie freudig begrüßte, reagierte sie nicht und ging mit ernstem Gesicht weiter, als hätte sie mich nicht gesehen und gehört, als sei ich ein Gespenst.

ALS
GÄBE ES KEINE
VERGANGENHEIT

Amelie war gegen acht Uhr zu Julian gekommen. Sie saßen zusammen am Wohnzimmertisch.
Wie immer, wenn sie sich trafen, veränderte sich ihr Lebensgefühl nach kurzer Zeit, wurde intensiver und zugleich zarter, und ihre Worte gewannen an Wesentlichkeit.
So war es von Anfang an zwischen ihnen gewesen. Es war ihnen unmöglich, ein oberflächliches Gespräch zu führen. Waren sie sich nah, zog es sie unwiderstehlich in die Tiefe, ins Herz des Lebens, und sie taten nichts lieber, als sich dieser Anziehungskraft hinzugeben.
Seit einem Monat kannten und liebten sie sich, und nicht zum ersten Mal in dieser Zeit wurde Julian bewußt, daß Liebe mehr bedeutete, als er sich vorgestellt hatte.
„Woran denkst du?" fragte Amelie.
„Daran, was es heißt zu lieben."
„Und was heißt es?"
„Ich habe mir nur die Frage gestellt, aber noch keine Antwort gefunden. Vielleicht weißt du sie?"
Amelie lächelte. „Lieben bedeutet, das Größte und Schönste in dem geliebten Menschen zu entdecken, das Wesentliche – aber auch zugleich das Kleinste, Unbedeutendste, eigentlich: den anderen entdecken, wie er ist – und diese Entdeckungsreise genießen. Dabei erkennt man auch immer mehr von sich selbst."
„Inwiefern?" fragte Julian, obwohl er wußte, was Amelie meinte – aber er wollte es mit ihren Worten hören.
„Indem man den anderen kennenlernt, lernt man sich kennen, weil der andere Dinge in einem widerspiegelt, die

man selbst nicht sieht und erst durch die Widerspiegelung entdeckt – bis man allmählich lernt, sie mit eigenen Augen zu erkennen."
„Dann ist Liebe eine gegenseitige innere Entdeckungshilfe?"
„Es gibt keine bessere", sagte Amelie. „Aber im Grunde ist das nicht das Wichtigste. Lieben heißt einfach: glücklich sein, weil es den anderen gibt. Wunschlos sein."
„Gestern", beendete Julian das zwischen ihnen entstandene Schweigen, „ging mir ein bestimmter Song durch den Kopf. Und zwei Minuten später hast du angefangen, ihn zu singen. Oder – weißt du noch, wie wir einmal im selben Moment genau dieselben Worte sagten, obwohl sie alles andere als naheliegend waren?"
Amelie nickte.
„Vielleicht", sagte Julian, „öffnen sich in der Liebe die Grenzen zwischen zwei Menschen nicht nur seelisch, sondern auch geistig. Vor ein paar Tagen dachte ich an einen schönen Urlaub am Meer zurück, und du fragtest mich im nächsten Augenblick, was ich davon halten würde, im Sommer mit dir ans Meer zu fahren."
„Vielleicht ist dadurch, daß unsere Seelen sich füreinander geöffnet haben, auch eine Tür zwischen unseren Dachstübchen aufgegangen. Und durch die spazieren unsere Gedanken jetzt munter ein und aus", erwog Amelie mit einem Schmunzeln.
„Das ist das Ende der geistigen Privatsphäre!" rief Julian mit gespielter, tragischer Miene. „Wo soll das hinführen?

Am Ende kann ich keinen Gedanken mehr denken, den du nicht liest!"
„Wäre das so schlimm?"
Julian lachte. „Nicht wirklich."
Amelie schaute Julian lächelnd an. Ihr Lächeln wurde noch inniger, als sie sagte: „Ich werde niemanden wieder so lieben können wie dich. Das weiß ich ganz sicher. Deshalb verschwende ich mich so sehr."
„Hast du das Gefühl, dich zu verschwenden?" fragte er.
„Ich habe das Gefühl, daß ich mich noch viel mehr verschwenden möchte. Ich wußte schon immer, daß mein Schicksal mich mag, aber als es mich zu dir führte, hat es sich selbst übertroffen."
Julian spürte der Wirkung von Amelies Worten in sich nach. Er war kein Freund bedeutungsschwerer Liebeserklärungen, aber wenn Amelie von ihren Gefühlen für ihn sprach, tat sie es immer mit einer solchen Natürlichkeit, daß bei ihm nicht das geringste Empfinden von Unbehagen aufkam, das ihn sonst gern angesichts großer Worte befiel. Im Gegenteil, er empfand nichts als helle Freude.
„Bei allen Männern, die ich vor dir kannte", sagte Amelie, „fehlte etwas Entscheidendes, und manches an ihnen gefiel mir überhaupt nicht. Bei dir fehlt mir nichts, es ist alles da. Ich liebe einfach alles an dir, es kommt mir vor wie ein Wunder. Vielleicht liegt der Grund dafür darin, daß ich mich dir innerlich verwandt fühle. Ich kann dein Wesen ganz in mich aufnehmen, ich habe keine Widerstände gegen dich. Es ist, als würden unsere seelischen Wellen in die

gleiche Richtung laufen. Ich kann einfach ja zu dir sagen – zu allem, was in dir ist, zu allem, was du bist, ohne Einschränkungen. Zum ersten Mal überhaupt."
Amelies Stimme war leise und intensiv. In Julians Bewußtsein existierte nichts anderes mehr als ihre Stimme. Er hörte ihre Worte nicht, er verleibte sie sich ein wie Nahrung, Seelennahrung.
„Ich hätte nie gedacht, daß so etwas möglich ist, weil ich es nie erlebt habe, obwohl ich unbewußt ständig danach suchte", sprach sie weiter. „In meinen früheren Beziehungen waren immer Zweifel mit im Spiel. Ich habe öfter von Männern das Angebot bekommen, mich ganz auf sie einzulassen, aber ich habe mich jedesmal zurückgehalten. Ich spürte, daß sie nicht wirklich zu mir paßten, auch wenn ich sie in bestimmten Situationen geliebt habe oder in gewissen Aspekten ihres Wesens. Aber immer hat etwas gefehlt. Innerlich war nicht genug da, um ganz darin aufgehen zu können. Ich habe mich diesen Männern gegenüber oft überlegen gefühlt – andererseits waren sie mir wiederum in mancher Hinsicht überlegen."
Amelie strich sich eine Haarsträhne aus der Stirn. „Ich glaube, diese Empfindungen beruhten im Grunde auf meiner Unsicherheit und Unzufriedenheit. Wenn man zufrieden ist und sich aufgehoben fühlt, dann fragt man sich nicht, ob man dem anderen überlegen oder unterlegen ist, dann ist man einverstanden mit seiner natürlichen Position und hört auf zu werten und abzuwägen. Aber ich habe auch manches gelernt in diesen Beziehungen. Manchmal

kommt mir meine ganze Vergangenheit wie eine Vorbereitung auf unsere Liebe vor – wie eine Schule, die ich Stufe für Stufe durchlaufen mußte, um reif für uns zu werden. Andererseits hätte ich dich gern schon früher kennengelernt. Aber ich glaube, daß alles schon richtig so war, weil ich durch diese Beziehungen reicher und bewußter geworden bin."

Amelie schüttelte langsam den Kopf, mit einem Gesichtsausdruck, als würde sie sich über sich selbst wundern. „Ich möchte eigentlich am liebsten gar nicht mehr über meine Vergangenheit sprechen. Ich bekomme mehr und mehr ein ungutes Gefühl dabei, weil – was hat unser Leben mit meiner Vergangenheit zu tun? Ich bin heilfroh, daß sie vergangen ist, daß mich mit ihr nicht mehr verbindet als Erinnerungen! Was zählt, ist unsere Gegenwart."

„Ich empfinde genauso", sagte Julian. „Es wäre wunderbar, wenn man jeden Augenblick so leben könnte, als gäbe es keine Vergangenheit."

Er sah Amelie mit weit offenen Augen an. Sie erwiderte seinen Blick, und plötzlich mußten sie beide lachen – laut, übermütig, ohne eigentlich zu wissen, warum. Etwas in ihrem Blickaustausch war von einer solchen Heiterkeit und Freude gewesen, daß der Überfluß ihrer Gefühle füreinander in einem ausgelassenen Lachen seinen Reichtum feiern mußte.

Als die letzten Wellen ihres Lachanfalls verebbt waren, sah Julian Amelie ins Gesicht. Er schaute und schaute, und ohne es bewußt wahrzunehmen, lächelte er ungläubig, als

könne er es nicht fassen, daß so viel Glanz sich auf ein einziges Gesicht konzentrieren konnte – und daß er es war, den die großen, sanften Augen dieses Gesichtes voller Liebe anstrahlten.
„Es ist mir immer wieder ein Rätsel“, hörte er sich plötzlich leise sagen, „daß du mich so sehr liebst. Ich bin schon einige Male geliebt worden, aber noch nicht so, mit einer solchen Bedingungslosigkeit.“
„Ich habe von Anfang an gewußt, daß diese Liebe in mir nur für dich bereit war. Du bist der Mann, zu dem meine Liebe paßt. Einfach indem du bist, wie du bist.“
Julian lächelte. „Das ist zu schön, um wahr zu sein. Es klingt wie ein Märchen. Sag, daß es Wirklichkeit ist.“
Amelie gab Julian einen Kuß mit ihren Augen. „Es ist ein Märchen, aber ein wahres. Kennst du den alten Indianerglauben, daß irgendwo auf der Welt ein Mensch lebt, der auf dich wartet, ganz nah oder ganz weit entfernt? Irgendwo ist jemand, der sich so sehr nach dir sehnt, wie du dich nach ihm. Der genau zu dir paßt. Du mußt ihn nur finden. Oder er dich.“
„Ja, ich kenne diesen Glauben. Wenn man hinter die Kulissen mancher Beziehungen schaut, bekommt man das Gefühl, daß viele Paare nicht lange genug einander gesucht haben.“
„Jemanden zu lieben ist nicht so schwer“, sagte Amelie. „Aber jemanden zu finden, dessen Liebe zu deiner paßt, ist schon ein großes Kunststück. Oder ein seltener Glücksfall. Ich glaube, viele Menschen lieben einander und sind doch

nicht glücklich und zufrieden damit, weil ihre Arten zu lieben und Liebe zu verstehen zu unterschiedlich sind. Sie reiben sich auf in dem Kampf um einen gemeinsamen Lebensweg und waren vielleicht nur dazu bestimmt, ein paar Schritte zusammen zu gehen. Du bist der erste Mensch in meinem Leben, den ich nicht verlieren möchte. Mit dir möchte ich immer weiter gehen, immer weiter – ohne Ende. Ich habe mir noch gestern die Frage gestellt, warum es so ist."

„Verrätst du mir die Antwort?"

Amelie lächelte. „Weil du magisch bist."

Julian war schon einige Male gesagt worden, daß er magisch sei, aber nicht immer hatte er dabei das Empfinden gehabt, daß dieser Vorzug seines Wesens auch als solcher empfunden wurde. Manchmal war es ihm so erschienen, als löste seine Fähigkeit, Situationen ins Zauberhafte zu heben, bei anderen Menschen Ängste aus. Was Amelie an ihm faszinierte, war manchen Frauen schlichtweg unheimlich gewesen.

„Was verstehst du unter Magie?" fragte er.

„Es ist etwas ganz Konkretes, Fühlbares", antwortete Amelie, „und zugleich ist es überhaupt nicht zu bestimmen. Nenne es Charisma, Ausstrahlung, das gewisse Etwas. Du hast es einfach. Es ist eine Faszination, die aus deinem Inneren nach außen strömt – so wie eine Blume einen bestimmten Duft von sich gibt. Es gibt Blumen, an denen man gern riecht – zweimal, dreimal, und dann ist es genug. Der Duft deines Wesens fasziniert mich immer aufs neue, er bezaubert und berauscht mich. Und immer habe ich das Gefühl, daß er nur ein Vorgeschmack von etwas noch Schönerem, noch Verlockenderem ist, das in dir auf mich wartet. Deine Seele erscheint mir wie eine grenzenlose Welt voller wunderbarer Überraschungen. Ich könnte mein Leben lang in dir auf Reisen sein, ohne einen Moment Langeweile zu empfinden."

Julian fragte sich, ob er wirklich so war, wie Amelie ihn sah, oder ob ihre Liebe ihn für sie so erscheinen ließ. Andererseits beeindruckte es ihn sehr, mit welcher Treffsicherheit sie Eigenschaften seiner Persönlichkeit in Worte faßte, die andere, die ihm nahegekommen waren, kaum wahrgenommen hatten. Das Erkennen des inneren Wesens eines Menschen bedurfte eines besonderen, weit offenen und hochempfindlichen Blicks, und Amelie besaß ihn. Andere Augen hatten dort, wo Amelie Wunderlandschaften fand, nichts Außergewöhnliches entdecken können.

„Du hast gesagt, daß viele Menschen einander lieben und doch nicht glücklich dabei sind, weil sie zu verschieden sind", nahm Julian wieder den Gesprächsfaden auf. „Ich frage mich, wie solche Irrwege der Gefühle sich vermeiden lassen."

„Ich glaube, man muß ein feines Gespür für sein Schicksal haben – und danach handeln", sagte Amelie. „Intuition, Ahnung, Eingebung, die leise innere

Stimme – wie man es auch nennen will. Da ist etwas ganz tief in mir, das genau weiß, was für mich richtig und gut ist – und was nicht. Es war schon immer da, dieses innere Empfinden, ich habe nur oft nicht darauf gehört – leider. Aber jetzt folge ich ihm immer mehr, und je mehr ich ihm vertraue, desto besser verstehe ich die leise Stimme. Als ich dich sah, hat sie gleich geflüstert: Das ist er, kein Zweifel!"

„Ich habe es nicht sofort gewußt", gestand Julian. „Ich habe nur gespürt, daß mit dir Liebe zu mir kam. Aber was für eine Liebe es war, ist mir erst nach und nach bewußt geworden. Und manchmal, wenn ich sie spüre in ihrer ganzen Stärke, ihrer Unbeirrbarkeit, kann ich es kaum fassen, daß ich es bin, dem du sie schenkst."

„Du hast nichts dazugetan, Julian. Ich habe nichts veranlaßt. Es ist einfach so."

Julian atmete tief ein und tauchte seinen Blick in Amelies vor Lebendigkeit funkelnde Augen.

Manchmal war es kaum zu glauben, was sie ihm Tag für Tag aus vollen Händen und mit ganzer Seele gab. Sie war ein Geschenk des Himmels. Er hatte nicht darum gebeten, hatte sich nicht darum bemüht. Es hatte sich alles wie von selbst ergeben. Das Wunderbare können wir uns nicht erarbeiten, es wird uns geschenkt. Amelie hatte ihm die Richtigkeit dieser Erkenntnis auf überwältigende Weise bewiesen.

Sein bisheriges Leben war nicht arm an Abenteuern, intensiven Beziehungen, an Überraschungen, Glücksfällen und scheinbar unverdienten Geschenken gewesen. Das Schicksal schien ihm wohlgesonnen zu sein, aber daß es Amelie mit dem Reichtum ihrer Liebe zu ihm geschickt hatte, war schon ein Ereignis, das man wundervoll nennen mußte. Und voller Wunder war diese junge Frau, in deren Blick er gerade zum tausendsten Mal alles vergaß, was er je über die Frauen, die Liebe, über sich selbst und das Leben zu wissen geglaubt hatte.

„Du bist wunderbar", sagte er leise.

Nach Julians Worten trat ein langes Schweigen ein wie ein willkommener Gast. Es war ihm so, als habe er mit seinen Worten die Tür geöffnet, durch die dieses Schweigen kommen konnte, das sich von Moment zu Moment intensivierte und so viel mehr ausdrückte, als die besten und klarsten Worte es konnten.

Julian lächelte und nickte, als wolle er der Stille, die ihn und Amelie so unwiderstehlich in ihren Bann gezogen hatte, damit sagen, daß er ihr recht gab – in allem, was sie auf ihre Weise sagte.

Unvermittelt spürte er, wie alle guten, lichten Gefühle, die er für Amelie empfand, in seine Augen strömten, als sei plötzlich ein direkter Weg von seinem Herzen in seinen Blick frei geworden, und er strahlte Amelie an.

Nach einer zeitlosen Weile, in der sie sich schweigend in die Augen gesehen hatten, stand Amelie auf und drehte sich mit schwungvollen, tänzerischen Bewegungen um

sich selbst und jauchzte dabei dreimal laut auf, als liefe die Freude über, die sich in ihr angesammelt hatte.
Ebenso unvermittelt, wie sie mit ihrem kleinen Derwischtanz begonnen hatte, hielt sie inne und schaute Julian mit großen Augen an. Er stand auf, nahm ihr Gesicht ganz behutsam in seine Hände und bedeckte es über und über mit zarten Küssen.
Impulsiv trat Amelie ganz nah an Julian heran, als wäre ihr jeder Zentimeter Abstand, der noch zwischen ihrem und seinem Körper war, nicht länger erträglich. Sie umarmten sich lange, wobei ihre Atemzüge um so langsamer und ruhiger wurden, je tiefer sie in der Nähe versanken, die sie sich gegenseitig schenkten.
Einmal erschien es Amelie, als habe sie ganz lange nicht eingeatmet, vielleicht, weil sie es in der Faszination der Umarmung vergessen hatte. Aber sie glaubte nicht, daß dies der Grund dafür war, daß ihr auf eine seltsam süße Art schwindelig wurde, wobei sie sich immer leichter fühlte und höher und höher stieg, bis es ihr so erschien, als müßte sie nur die Augen öffnen, um unter sich die Stadt mit ihren Häuserdächern zu sehen.
Julian spürte, wie etwas in seiner Brust sich löste und es in seinem ganzen Körper warm und prickelnd zu strömen begann, wobei er das sichere Gefühl hatte, daß mit Amelie das gleiche geschah. Er atmete tief ein und fühlte dabei nicht nur Luft in sein Inneres hineinströmen, sondern auch das magische Fluidum der Liebe, die Atemluft der Seele.
In diesem Augenblick klingelte es an seiner Wohnungstür.

Amelie zuckte unwillkürlich zusammen und drückte Julian noch fester an sich. Es klingelte ein zweites Mal. Julian streichelte Amelie ganz sanft das Haar, als wollte er ihr sagen: Und wenn es zehnmal klingelt, ich lasse unsere Umarmung nicht im Stich.

Sie blieben noch lange so stehen und fühlten, wie ihre Herzen Leben ineinander pochten, genossen das wundervolle Einswerden ihrer seelischen Energien, bis ein warmes Gefühl der Erfüllung ihnen erlaubte, sich behutsam voneinander zu lösen.

Julian nahm Amelie bei der Hand und führte sie ins Schlafzimmer. Sie legten sich nebeneinander auf das niedrige, breite Bett. Julians Fingerkuppen glitten langsam und leicht auf Amelies Arm entlang, auf und wieder ab, hielten inne, beschrieben zärtliche Kreise und bewegten sich weiter. Dabei war es ihm, als würde er, indem er Amelie etwas schenkte, zugleich von ihr etwas empfangen – als sei ihre Hingabe eine ganz besondere Art des Gebens, das er tief unter der Haut spürte.

Es war wunderschön, auf so durch und durch körperliche Weise zu empfinden, was seine Seele längst wußte: daß Liebe kein voneinander getrenntes Geben und Nehmen war, sondern ein harmonisches Zusammenströmen und Einswerden im Gefühl. Nur wenn zwei Menschen innerlich in einem Gefühl aufgingen, ereignete sich wirkliche Liebe, deren Wesen darin bestand, Grenzen aufzulösen und Vereinigung zu schaffen.

Julian zog seine Hand langsam zurück und schloß die Augen.

Die Zärtlichkeiten seiner Hand auf Amelies Arm hatten etwas zwischen ihnen erweckt, das sich verselbständigt hatte und keiner weiteren Impulse zu seiner Vertiefung und Intensivierung bedurfte. Die Empfindungen, die jetzt in seinem Körper strömten, zogen ihn gänzlich in ihren Bann. Es schien ihm, als konzentrierte sich sein ganzes Sein auf das zarte Strömen innerhalb seines Körpers, das ihn mit einer zugleich sanften und starken Lebenslust erfüllte.

Wenn es sich selbst genoß, war das Leben nicht weit von seiner Quelle entfernt. Und was erfüllte den Sinn des Daseins mehr als der andächtige Genuß des schönen Augenblicks? Wenn es eine Lust war, mit geschlossenen Augen zu liegen und den Zustand zu genießen, den subtile Zärtlichkeiten zustande gebracht hatten: einfach zu liegen und nichts anderes zu wollen als das, was geschah, dann brauchte man keine Worte und Gedanken, dann genügte es still zu sein und sich dem Leben zu überlassen, das in jeder Körperfaser vor Freude bebte. Es gab kein Gestern, kein Morgen, keine Zeit, nur die andächtige Feier der Gegenwart, nur ein weiches Vibrieren und Pulsieren, ein geheimnisvolles, lustvolles Stillen seelisch-körperlichen Durstes an der Quelle der Liebe.

Julian brauchte nicht die Augen zu öffnen, um zu sehen, daß Amelie von ähnlichen Empfindungen erfüllt wurde. Es konnte auch nicht anders sein, denn wenn sie nicht mit ihm in diesen wundervollen Erlebnisbereich gelangt wäre, wenn sie einen anderen Weg gewählt hätte, wäre es ihm

nicht möglich gewesen, eine so vollendete Harmonie, einen so tiefen Frieden zu empfinden.
Es gab keine Zeit mehr, keinen Raum, nur noch ein von allen Beschränkungen befreites Sein. Unvermittelt bäumte sich eine so wilde Freude in Julians Herz auf, daß er glaubte, es würde zerspringen, wenn er nicht sofort Amelies Brust ganz nah an seiner fühlte, um ihr abzugeben von der überwältigenden Kraft, die zu groß für ihn allein war. Er drückte sie so impulsiv an sich, daß sie einen Laut der Überraschung von sich gab.
Sie umarmten sich ganz fest, als sei es nur so möglich, auf den hohen Wellen der Erregung zu treiben, die der urplötzlich aufgekommene Sturm in dem Meer ihrer Gefühle erzeugt hatte. Dabei warfen sich die Wellen, auf denen Julians und Amelies Gefühle tanzten, aus purer Lust an der Verschwendung ihrer eigenen Kraft zu immer abenteuerlicheren Höhen auf, bis sich das Empfinden der Liebenden zu einem wahren Freudentaumel der Herzen steigerte, der ihnen tiefe Erfüllung schenkte.
Der Genuß des Gefühls, in vollkommener Harmonie beieinander zu liegen, schuf eine so zarte und gleichermaßen starke Wirklichkeit, daß die äußere Welt, die hinter den Wänden der Wohnung existierte, wie ausgelöscht schien.

An Amelies ruhigen, gleichmäßigen Atemzügen erkannte Julian, daß sie die Schwelle zum Schlaf überschritten hatte, nachdem er lange an sie geschmiegt gelegen hatte –

in vollkommener Entspannung, und die Glückseligkeit, die er empfand, hatte jeden seiner Atemzüge zu einer Danksagung gemacht.

Aus Angst, er könnte Amelies gerade erst gefundenen Schlaf stören, gab er der zärtlichen Regung, sie auf die Stirn zu küssen, nicht nach, und schenkte ihr das, was in diesem Kuß Ausdruck gewinnen wollte, mit einer Geste des Herzens.

Eine Weile lauschte er ihren Atemzügen. Dann war ihm, als übte ihr immer tiefer werdender Schlaf eine sogähnliche Wirkung auf ihn aus, der er sich widerstandslos hingab.

WER BIST DU?

Auf dem Rückweg vom Bäcker komme ich an einem Haus vorbei, das mir schon ein paarmal angenehm ins Auge gefallen ist. Ich bleibe stehen, um es genauer zu betrachten.

Es ist beige gestrichen, hat zwei Geschosse und ein paar Risse im Putz. Es steht zwischen den beiden vierstöckigen Nachbarhäusern wie ein Kind zwischen zwei Erwachsenen. Der Vergleich hinkt, weil das Haus wohl eins der ältesten in der Straße ist. Es ist bestimmt schon hundert Jahre alt oder noch älter. Die Fenstersimse haben Verzierungen. Über der Haustür wacht ein Löwenkopf aus Stuck. Ein Haus aus einer lange vergangenen Zeit, in der verspielte Fassadenverzierungen noch etwas galten und die Architektur noch eine gewisse Wärme hatte. Ein Haus mit Charakter und antikem Charme, in dem ich gern wohnen würde.

Ich schaue in eins der beiden hohen Fenster des Erdgeschosses und frage mich, wer da wohl lebt. Genau in diesem Augenblick öffnet sich die Haustür. Ein Mann, der auf den ersten Blick sympathisch auf mich wirkt, kommt heraus und schließt seinen links vor der Tür stehenden Briefkasten auf, blickt hinein, schließt ihn wieder zu. Jetzt bemerkt er mich. Unsere Blicke treffen sich. Wir halten unseren Blickkontakt. Und plötzlich lächeln wir beide.

Ich wundere mich über mich, denn im Grunde bin ich zurückhaltend. Überhaupt nicht das Mädchen, das fremde Männer anlächelt. Er geht nach kurzem Zögern auf mich zu und bleibt vor dem hüfthohen Vorgartentor stehen. Wir sehen uns weiter lächelnd in die Augen. Jetzt mache ich etwas sehr Spontanes. Ich halte ihm meinen Einkauf beim Bäcker entgegen und frage zu meiner eigenen Überraschung: „Mögen Sie vielleicht ein Stück Käsekuchen? Hier drin sind zwei."

Er wirkt auch überrascht, schaut mich fragend an, fragt dann aber nichts, sondern faßt sich mit der Hand an die Stirn, als wollte er fühlen, ob er Fieber hat. Er verhält sich etwas seltsam. Aber mein Verhalten ist ja auch nicht gerade alltäglich.

„Käsekuchen", sagt er schließlich. „Mag ich sehr gern. Ja, dann essen wir die beiden Stücke doch zusammen! Wie wäre es mit einem Tee dazu? Eben erst gemacht."

Ich nicke. Er nickt auch, öffnet mir das Gartentor und geht zur Haustür zurück. Ich folge ihm. Beim Übertreten der Schwelle fällt mein Blick auf ein kleines Schild über der Klingel, auf dem Daniel Behrens steht.

Ich schließe die Haustür, als sei es das Selbstverständlichste der Welt, daß ich gerade einem wildfremden Mann in sein Haus gefolgt bin. Bist du verrückt? fragt meine Vernunft, die völlig aus dem Häuschen ist, weil ich in ein völlig fremdes Häuschen gehe. Ich sage ihr, daß sie still sein soll.

Manchmal weiß ich nicht genau, ob ich das Richtige tue, wenn ich etwas tue. Diesmal weiß ich es. Keine Ahnung, warum. Daß Daniel Behrens ein sympathisches Gesicht, eine angenehme Stimme und ein vertrauenerweckendes Lächeln hat, ist nicht Grund genug, ihm Käsekuchen anzubieten, und schon gar nicht, ihm in sein Haus zu folgen wie ein Kind vom Lande, das noch nicht weiß, daß es auch böse Menschen gibt. Aber irgendwas flößt mir hochdosiertes Vertrauen ein. Bloß was? Irgendwann werde ich es wissen. Im Moment weiß ich es nicht. Ich spüre nur, daß ich nichts falsch mache. Etwas geschieht mit mir. Ich lasse es geschehen, weil ich fühle, daß es richtig ist.

Durch den kleinen Windfang folge ich ihm in den Korridor. Daniel Behrens ist schlank, mittelgroß, sein Gang ist entspannt, fast lässig. Seine Haare sind hellbraun, leicht gewellt und reichen bis zu seinen Schultern.

Im Haus riecht es gut. Ein ganz leichter Hauch von Orange liegt in der Luft. Als hätte vor kurzem eine Duftlampe mit Orangenöl gebrannt. Er führt mich in seine Küche, die altmodisch und etwas unaufgeräumt ist. In dem Wohnzimmer, in das ich auf dem Weg zur Küche einen kurzen Blick werfen konnte, stehen wandhohe Holzregale, in denen sich Bücher eng aneinanderdrängen.

Jetzt sitzen wir an einem urigen runden Küchentisch mit einer dicken Holzplatte, auf der praktischerweise schon Tee in einer Kanne auf einem Stövchen und eine Dose mit braunen Zuckerwürfeln stehen. Als hätte er auf meinen Besuch gewartet. Ich stelle den Kuchen auf den Tisch.

Höchst seltsam das alles! Ungewöhnlich und irgendwie fast unwirklich! Wir reden nicht. Auch das ist sehr merkwürdig, aber überhaupt nicht unangenehm. Es ist ein bißchen so, als würden wir uns mit unserem Schweigen die

Zeit geben, in der überraschenden Situation anzukommen. Er stellt zwei Tassen auf den Tisch und gießt uns mit ruhigen Bewegungen Tee ein. Wir setzen uns. Ich nehme mir drei Zuckerwürfel, er nimmt nur einen. Es ist völlig still in der Küche. Unser Rühren in den Tassen klingt wohl deshalb so seltsam laut.

„Ich wohne nicht weit von hier. Seit einem Monat. Mit meiner Mutter zusammen. Noch."

Er sagt: „Ich wohne seit zwei Jahren hier. Allein."

Die karge Sachlichkeit dieses Informationsaustauschs steht in merkwürdigem Widerspruch zu der Atmosphäre im Raum, die alles Mögliche ist, nur nicht karg und sachlich. In der Küche stehen und liegen überall Bücher herum, die ein dominierendes Element der Hauseinrichtung zu sein scheinen. Ein Raum ohne Bücher sei wie ein Körper ohne Seele, hat jemand mal zu Recht gesagt. Daniel Behrens lebt mit Büchern. Er ist definitiv eine Leseratte, was mir gut gefällt, denn eine Leseratte schätzt die andere.

Komisch, daß ich nicht die geringste Angst habe. Ich sitze da mit einem fremden Mann in seinem Haus, der theoretisch wer weiß was mit mir anstellen könnte. Aber praktisch fühle ich mich sicher wie in Abrahams Schoß.

„Ich heiße übrigens Daniel. Und du?"

„Hannah. Mit einem ‚h' am Ende."

Er duzt mich also. Okay. Ich weiß nicht, ob ich ihn auch duzen oder lieber weiter siezen soll. Gefühlsmäßig tendiere ich eher zum Du.

„Was sind das überall für Bücher?" Was für eine phantasievolle Frage! Aber jetzt ist sie raus.
„Romane, Erzählungen und Gedichtbände. Auch ein paar Sachbücher, aber eher wenige."
Erstaunlich, daß ich noch nichts richtig Falsches gesagt habe. Die ganze Situation ist absolut ungewöhnlich und unerwartet, und in solchen Situationen lasse ich gern Doofes oder Peinliches vom Stapel. Und gerade dieser Gedanke bringt mich dazu, etwas Doofes zu sagen: „Dein Haus ist mir irgendwie aufgefallen. Vielleicht, weil es so klein ist."
Ich klatsche mir innerlich mit der Handfläche auf die Stirn. Er wird nun glauben, daß ich sein Haus zu klein finde, dabei mag ich es gerade so, wie es ist.
„Es ist groß genug für mich. Meine Bücher hätten allerdings gern mehr Platz."
Ich lache, obwohl die Antwort so witzig nun auch nicht ist. Er lacht auch. Wohl über mein Lachen, das aufgrund seiner angeblichen Ähnlichkeit mit einem Pferdewiehern einen hohen Ansteckungsfaktor haben soll. Wir werden wieder ernst und nippen an unserem Tee. Die Stille wird intensiv und intensiver – und schließlich so dicht, als könnte ich mit der Hand nach ihr greifen.
Plötzlich guckt er mich mit so lustig hochgezogenen Augenbrauen an, daß ich wieder lachen muß. Ohne daß ich sagen könnte, warum eigentlich. Klar, seine Mimik war irgendwie witzig, aber das allein reicht eigentlich nicht, um mich zum Lachen zu bringen. Vielleicht bin

ich etwas verlegen, aber eigentlich fühle ich mich wohl in meiner Haut.
Er steht auf, nimmt zwei Teller aus dem antiken Küchenschrank und stellt sie auf den betagten Holztisch, den zahlreiche Kratzer und Kerben zieren. Aus einer quietschenden Schublade holt er zwei Kuchengabeln und einen Kuchenheber, legt sie auf die Tischplatte und setzt sich wieder zu mir. Ich packe die beiden Kuchenstücke aus und lege mit dem Kuchenheber je eins auf die Teller.
„Schmeckt sehr gut", sagt er nach einer Weile.
„Den wollten eigentlich meine Mutter und ich essen", erkläre ich.
Er grinst und sieht auf einmal viel jünger aus, als er ist. Er ist bestimmt doppelt so alt wie ich, aber sein Grinsen ist kaum älter als meins.
Wir essen, kauen, trinken, schlucken. Und schließlich sind die Teller und Tassen leer.
„Noch Tee?"
Ich schüttele den Kopf. „Ich muß gehen, weil meine Mutter auf mich wartet. Ich muß jetzt noch mal zwei Stücke Käsekuchen kaufen." Das kam ziemlich abrupt. Und klang viel entschlossener, als ich mich fühle.
Er scheint es aber okay zu finden, fängt sogar wieder an zu grinsen und steckt mich sofort damit an. Obwohl die Situation eigentlich gar nicht komisch ist. Es liegt einfach irgend etwas in der Luft, das zum Lächeln und Lachen reizt. Irgend etwas Lustiges, Leichtes. Deshalb würde ich gern noch länger bleiben, aber ich stehe auf.

Er folgt mir zur Haustür, und beim Abschied lächeln wir immer noch.
„Danke für den Kuchen. Besuch mich doch mal wieder!"
Ich nicke. „Versprochen!"

Inzwischen ist eine Woche ist seit unserer Begegnung vergangen, und ich habe schon am Morgen gespürt, daß es der richtige Tag ist, mein Versprechen einzulösen. Ich habe jeden Tag an Daniel gedacht und mich auf unser Wiedersehen gefreut.
Draußen legt der Sommer sich so warm und angenehm auf meine Haut, als würde er mich freundlich und sanft begrüßen. Überrascht, fast gerührt von der Zärtlichkeit der Abendluft, atme ich sie tief ein und aus.
Bis zu Daniels Haus ist es nicht weit, nur ein paar hundert Schritte. Die dunkelroten Vorhänge im Erdgeschoß sind zugezogen. Dahinter brennt Licht. Er ist zu Hause! Mein Herz schlägt schneller. Trotz meiner Vorfreude machen sich Bedenken bemerkbar. Vielleicht komme ich völlig ungelegen, und die Leichtigkeit unserer ersten Begegnung mutiert zu Peinlichkeit und geht für immer verloren. Vielleicht hat er Besuch von seiner festen Freundin und schickt mich wieder nach Hause. Oder er macht erst gar nicht auf, weil er seine Ruhe haben will. Oder mein Klingeln dringt nicht zu ihm durch, weil er Kopfhörer auf den Ohren hat und Musik hört.
Ganz ruhig, sagt meine Intuition. Alles wird schon gut.
Und wenn nicht? Bei der ersten Begegnung ging alles wie

von selbst, mit unfaßbarer Leichtigkeit. Alles geschah einfach. Jetzt mache ich mir Gedanken, wie es sein wird, mit welchen Worten ich das Gespräch beginnen könnte, und schon werde ich unruhig und unsicher, verliere meine Natürlichkeit, meine Ungezwungenheit.

Ganz ruhig, wiederholt meine Intuition. Nicht denken, einfach alles geschehen lassen. Sei du selbst. Da ist die Klingel. Darauf mußt du jetzt drücken.

Er öffnet, wirkt kurz überrascht, dann lächelt er mich an. Von innen heraus. Er freut sich definitiv.

„Hallo! Störe ich?"

Er schüttelt den Kopf. „Überhaupt nicht! Schön, daß du da bist. Komm rein!"

Schon sitzen wir wieder an dem urigen alten Küchentisch. Das Bücherchaos scheint etwas zugenommen zu haben. Da sind wir also wieder. Er ist zuhause, er ist allein, ich bin willkommen, und mein Herzschlag beruhigt sich.

„Wie war dein Tag heute?" frage ich, weil ich das Gefühl habe, daß ich etwas sagen sollte. Und weil es mich interessiert.

„Entspannt. Und jetzt fängt er an, spannend zu werden! Was darf ich dir anbieten? Tee hatten wir ja schon. Apfelsaft wäre da. Bier, Rotwein oder Weißwein? Oder Wodka-Orange? Du bist doch volljährig?" Er zwinkert.

„Rotwein", entscheide ich. „Und ja, ich bin volljährig, auch wenn ich das Wort beknackt finde. Als wäre ich davor halbjährig gewesen."

Er grinst und steht auf. „Laß uns ins Wohnzimmer gehen, da ist es gemütlicher."

Ich setze mich auf die bequeme Couch in seinem Wohnzimmer, in dem ich mich auf Anhieb wohlfühle, während er den Wein holt.
Jetzt kommt er zurück, stellt eine bereits entkorkte, hübsch geformte Flasche und zwei Gläser auf den Tisch, füllt sie für uns und setzt sich in einen Sessel. Er zündet vier Kerzen an, die auf dem Tisch stehen, und knipst die Leselampe neben seinem Sessel aus.
Rotwein ist keine risikolose Wahl. Ich habe nicht viel Erfahrungen mit Weinkonsum, aber aus denen habe ich gelernt: Ein Glas verändert nichts bei mir. Nach zwei Gläsern werde ich bestenfalls witzig, schlimmstenfalls albern. Nach dem dritten Glas verliere ich auf angenehme Art den Boden unter den Füßen und sehe mir amüsiert beim Schweben zu. Aber danach muß ich unbedingt aufhören. Denn beim vierten Glas werde ich müde, bekomme leichte Wortfindungsprobleme und will meine Ruhe haben.
„Du lebst also noch bei deiner Mutter?"
„Ja, aber sicher nicht mehr lange. Eigentlich wollte ich gleich nach dem Abi ausziehen, habe aber noch nichts Bezahlbares gefunden, das mir gefiel."
„Willst du studieren?"
„Eigentlich ja, aber ich weiß noch nicht wirklich, was. Ich will die Dinge auf mich zukommen lassen."
„Finde ich gut", sagt er. Und scheint es auch so zu meinen. Damit ist er der erste Erwachsene, der nicht die Stirn in Falten legt, wenn ich sage, daß ich keine konkreten Zukunftspläne habe. Ich könnte ihn für seine Antwort

umarmen! Sie macht mir mal wieder bewußt, daß ich mich nach einem Menschen sehne, der mich so mag, wie ich bin. Natürlich nicht nach irgendeinem. Nach einem, den ich so mag, wie er ist.

„Warum findest du es gut, daß ich keine Pläne für die Zukunft habe?"

„Wer nicht weiß, wohin er geht, erreicht mit jedem Schritt ein kleines Ziel", sagt er.

Eine ziemlich gute Antwort, finde ich.

„Du kommst mir irgendwie so vor ..." Er unterbricht sich, sieht zur Seite und schüttelt ganz leicht den Kopf, als würde er sich über sich selbst wundern.

„Ja?" frage ich.

Er zuckt mit den Schultern. „Ich weiß nicht. Es ist nur so ein Gefühl. Es würde komisch klingen, wenn ich es sage. Du könntest es mißverstehen."

„Ich könnte alles mißverstehen, was du sagst. Das ist kein Grund, mit dem Sprechen aufzuhören."

Er lächelt ein bißchen.

„Raus damit!"

Er seufzt. „Okay ... Ich wollte sagen, daß du mir irgendwie so vertraut vorkommst. Aber dann dachte ich, du könntest es falsch verstehen. Weil es so floskelhaft klingt. Weil sich das Leute in Filmen sagen, während sie gemeinsam aufs Meer hinausschauen."

„Keine Angst", beruhige ich ihn, „ich verstehe das schon richtig."

„Ja? Und wie verstehst du es?"

„So wie du es gesagt hast. Als würden wir uns schon länger kennen. Nicht mehr und nicht weniger. Es ist gut, daß du es gesagt hast."
„Wirklich?"
„Ja, es gibt mir den Mut, dir zu sagen, daß ich dieses Gefühl von Vertrautheit auch habe. Auch wenn ich es mir nicht erklären kann."
„Das ist gut", sagt er leise.
Unsere Blicke begegnen sich. Ein bißchen scheu und ungläubig. Aber eindeutig erfüllt von echter Freude.
„Wenn du einen Wunsch an eine gute Fee frei hättest", sagt er aus heiterem Himmel, „was würdest du dir wünschen?"
„Wunschlosigkeit."
„Warum?"
„Weil wahres Glück wunschlos macht. Glaube ich zumindest."
„Was stellst du dir unter wahrem Glück vor, Hannah?"
„Unterschiedliches."
„Zum Beispiel?"
„Einem Menschen so zu vertrauen, daß ich ihm alles sagen kann, was ich denke und fühle. Ohne Angst, daß er mich für meine Offenheit bestraft. Mich diesem Menschen so nah fühlen, daß er auch versteht, was ich ihm sage, wenn ich schweige. Diesem Menschen so viel bedeuten, wie er mir bedeutet."
„Ein schönes Beispiel", sagt er und lächelt.
„Ein schönes Lächeln", sage ich spontan. Und merke erst ein paar Sekunden später, was ich gesagt habe. Bin ein bißchen erschrocken über meine Unbekümmertheit. Bin ich

noch zu retten? Ich kann doch einem Mann, den ich kaum kenne, nicht sagen, daß ich sein Lächeln schön finde! Mir steigt Wärme ins Gesicht. Ich bin froh, daß nur Kerzenlicht den Raum beleuchtet. Falls ich ein bißchen rot werde, kann er es nicht sehen. Irgendwie habe ich das Gefühl, daß er genau spürt, was gerade in mir vorgeht. Und obwohl ich nicht möchte, daß er mich erröten sieht, habe ich nichts dagegen, daß er meine Gedanken und Gefühle zu lesen scheint. Das ist ein Widerspruch, der mich eigentlich verwirren sollte. Aber ich fühle mich klar und sicher. Alles ist gut. Sein Lächeln ist nun mal schön. Und ich erwidere es. Ich spiegele es einfach, denn es ist so schön, daß er es auf meinem Gesicht sehen soll. Es ist das Lächeln eines Mannes, aber so unbekümmert wie das eines Kindes. Auch ein Widerspruch, der mich nachdenklich machen sollte. Aber ich habe nicht die geringste Lust, mich auf Gedanken einzulassen. Unser Lächeln ist wichtiger. Damit sagen wir uns etwas Unsagbares. In diesem Lächeln schweben wir wie in einem Raum, der uns abschirmt, der uns schützt vor allem, was nicht lächeln kann.

„Wer bist du?"

Seine Frage taucht sanft wie eine bescheidene Bitte in mein Bewußtsein ein. Unwillkürlich schüttele ich innerlich den Kopf, einem unfreiwilligen Schutzimpuls folgend. Das ist eine ziemlich intime, persönliche Frage. Wie kommt er darauf, daß ich ihm eine Antwort geben möchte? Daß ich mich so entblößen will?

Dann schüttele ich den Kopf ein zweites Mal. Diesmal über mich. Denn haben mich die ewig gleichen oberflächlichen, banalen Fragen nicht schon immer genervt und gelangweilt? Wie alt bist du? Was machst du so? Wo siehst du dich in zehn Jahren? Was ist dein Lieblingsfilm? Welche Musik hörst du gern?

Wer bist du? Habe ich nicht schon immer darauf gewartet, daß mir jemand genau diese Frage stellt? Und jetzt stellt sie mir endlich jemand! Also, Hannah, freu dich doch einfach darüber und antworte!

„Ich glaube, ich bin ein tiefer, leiser, weicher Mensch in einer oberflächlichen, lauten, harten Welt", höre ich mich sagen. Oje, das klingt ganz schön pathetisch und vielleicht auch ein bißchen selbstgefällig – eine schlimme Mischung, doch jetzt habe ich es gesagt. „Ich fühle mich oft heimatlos, deplaziert und fremd in dem Geschwätz und Gewusel der Alltäglichkeit. Ich wohne mit meiner Mutter zusammen, lebe aber allein. Trotzdem fühle ich mich in der Regel nicht einsam. Ich bin etwas schüchtern, ungesellig und wirke auf manche Menschen abweisend und herzlos. Dabei ist mein Herz voller Geschenke, die ich aber niemandem geben kann, weil niemand mir die Hände entgegenhält, für die sie bestimmt sind. Ich habe ein paar Bekannte, aber keine wirklichen Freunde. Ich ziehe Blicke auf mich, wenn ich durch die Straßen gehe, aber in Wahrheit bin ich unsichtbar."

Was sprudelt da aus mir heraus? Ich habe nicht mehr unter Kontrolle, was ich sage. Ich höre mir zu, als würde ich jemand anders sein und neben mir sitzen.

Er sieht mich an. Intensiv, konzentriert und unglaublich wach. Er will, daß ich weiterspreche. Es interessiert ihn wirklich, wer ich bin. Sein Blick ist eine einzige Bitte, mich ihm weiter zu erklären.

„Ich nehme die Realität auf die leichte Schulter, wenn sie mich bedrückt, was sie immer wieder versucht. Ich spiele gern mit Gedanken und mit der Wirklichkeit. Aber nicht mit Menschen. Ich brauche Freude. Die hole ich mir gern aus der Musik. Ich brauche Trost und Inspiration. Die hole ich mir gern aus guten Büchern. Ich suche nach tiefen Erkenntnissen, weil ich aus Erfahrung weiß, daß sie mein Bewußtsein zum Schweben bringen können. Und wenn es schwebt, vergesse ich das ganze Elend auf diesem Planeten und fühle mich frei und eins mit mir."

Während ich spreche, sehe ich ihm in die Augen, und er sieht mir in meine. Ich spüre, er nimmt alles in sich auf, jedes Wort, jede Lücke zwischen den Worten, jedes Gefühl und jeden Gedanken, auch die unausgesprochenen. Er nimmt alles in sich auf und macht es mir dadurch möglich, so frei zu sprechen. Er führt mich zu den Worten, die ich nur ihm und nur jetzt sagen kann. Ohne Angst, falsch oder gar nicht verstanden zu werden. Ohne Angst, etwas zu sagen, was ich einmal bereuen könnte. Eine der Kerzenflammen flackert eine Weile, wird dann wieder ruhig – und flackert erneut.

„Manchmal fühle ich mich so, als hätte ich schon ein ganzes Leben hinter mir, obwohl es doch gerade erst anfängt. Meine Privatsphäre ist mir sehr wichtig. Ich brauche einen geschützten Raum in mir, zu dem nur Menschen Zugang haben, denen ich es erlaube. Mein Herdentrieb ist unterentwickelt, ich bin eine Einzelgängerin und neige zu inneren Monologen. Ich hätte gern einen Freund, mit dem ich tiefe, wesentliche Gespräche führen kann, die uns beide bereichern. Dem ich vertrauen kann. Da ich ihn nicht habe, versuche ich, mir selbst dieser Freund zu sein."

„Vielleicht wirst du dich verlieben", sagt er weich, fast zärtlich.

Wir lächeln uns an. Sehr intensiv. Meint er jetzt uns beide? Ich habe jedenfalls das Gefühl, daß ich mich in ihn verlieben könnte. Aber ich traue mich nicht, ihm das zu sagen.

Ich spüre, wie sich etwas in mir löst. Es ist, als würde meine Seele ganz tief und ruhig durchatmen. Die in Unruhe geratene Kerzenflamme brennt jetzt wieder ganz ruhig und irgendwie perfekt. Es gibt perfekte Momente, in denen alles so geschieht, wie es nicht besser geschehen könnte.

Ich schließe unwillkürlich die Augen. Und sehe einen Bogenschützen mit einem zugleich konzentrierten und gelassenen Gesicht, der seinen Bogen gespannt hat und dabei ganz reglos steht, den Blick auf eine runde Zielscheibe mit einem roten Kreis in der Mitte gerichtet. Ich sehe einen Pfeil, der den Bogen verläßt und wie in Zeitlupe durch die Luft gleitet. Dieses Bild verschwindet ebenso schnell und abrupt, wie es aufgetaucht war. Ich weiß aber genau, daß der Pfeil die rote Fläche im Zentrum der Zielscheibe trifft. Ich freue mich wie ein Kind über diesen Treffer. Obwohl ich nicht der Bogenschütze bin. Ich bin der Pfeil.

Ich öffne die Augen wieder.

Er sieht mich mit einem feinen Lächeln an. „Erzähl mir mehr von dir", bittet er mich.

„Seit ich nicht mehr zur Schule gehe, ist mir bewußt, daß sie wie ein Zaun um mein Leben war. Nein, eher wie eine hohe Mauer, die meinen Entfaltungsraum massiv eingeschränkt hat. Ich bin nicht gern zur Schule gegangen, habe aber keine Alternative zum Abitur gesehen. Ich weiß, wie wichtig Bildung ist, aber ich mag sie nicht fremdbestimmt eingetrichtert bekommen. Ich möchte sie mir aus freien Stücken aneignen. Ich liebe die Freiheit, die ich jetzt habe. Sie läßt mich so sein, wie ich bin. Ich weiß, daß ich sie gewonnen habe, um den richtigen Weg für mein Leben zu finden. Es gibt viele falsche Lebenswege, aber nur einen einzigen richtigen. Und den kann ich nur gehen, wenn ich so lebe, wie es meinem Wesen entspricht. Ich muß mein Leben meinem Wesen anpassen, sonst wird es nicht wirklich meins sein. Ich darf keine Angst davor haben, Fehler zu machen, sonst werde ich gerade deshalb welche machen. Nur wenn ich an mich glaube, habe ich eine Chance. Wenn ich an mir zweifle, werde ich verzweifeln. Manchmal zweifle ich an mir."

Die Kerzenflamme brennt noch immer ruhig, als hätte ich ihre Unruhe gebannt mit meinen Worten, die aus mir strömen wie lange angestautes Wasser, das einen Weg ins Freie gefunden hat. Dieses Freie ist der Mann, der auf der anderen Seite des Tisches in seinem Sessel sitzt und mich unverwandt und so konzentriert anschaut, als gäbe es nur mich auf der Welt. Mit einem ernsten Gesichtsausdruck, in dem ein unsichtbares Lächeln liegt.
Ich habe die körperliche Gegenwart eines Menschen noch nie als einen Zugewinn an Denkfreiheit empfunden. Am besten und tiefsten fließen meine Gedanken, wenn ich allein bin. Menschen blockieren meinen Gedankenfluß, bringen mich dazu, meine Worte zu prüfen, bevor ich sie ausspreche, sie zu filtern, bevor ich sie preisgebe. Denn offene Worte können mich entblößen und verletzbar machen. Sie können mißverstanden, mir im Mund umgedreht, wie Waffen benutzt und gegen mich verwendet werden. Bevor ich Worte an einen anderen Menschen richte, passieren sie automatisch meine freiwillige Selbstkontrolle, gehen im Schnelldurchgang durch mein Gehirn, werden eventuell verändert oder aussortiert, wenn die Gefahr besteht, daß sie mir gefährlich werden können.

Heute ist es nicht so. Meine Worte strömen unzensiert und unblockiert in den Raum. Heute fließen sie so frei, als würde ich zu mir selbst sprechen. Nein, eigentlich noch freier! Es ist, als würde ihre Kraft, ihre Klarheit und Ehrlichkeit verstärkt. Nicht, obwohl ich sie an jemanden richte. Sondern, weil ich sie an jemanden richte.
Dieser Jemand sieht mich mit einer solchen Offenheit und Gegenwärtigkeit an, als wäre er bereit, mir den ganzen Abend zuzuhören, mir die ganze Nacht zu lauschen. Ohne sich eine Sekunde zu langweilen, ohne ein einziges Wort mißzuverstehen.
Ich bin der Pfeil. Unser Zusammensein, unsere Kommunikation ist der Bogen. Und Daniels sensible Aufmerksamkeit ist der rote Kreis im Zentrum der Scheibe, der mich magnetisch anzieht, meinen Gedanken Flügel verleiht und meine Worte ihr Ziel treffen läßt.
Kann es sein, daß er mir gerade ganz leicht zugenickt hat? Wie um mich aufzufordern, weiter alle Gedanken auszusprechen, die mir in den Sinn kommen? Alles rauszulassen? Nichts auszulassen, nichts zu vergessen, nichts zu zensieren?
Ich nehme das Weinglas vom Tisch und trinke es leer. Jetzt habe ich zwei Gläser getrunken und sollte mich ein bißchen witzig oder albern aufführen, aber eigentlich spüre ich den Wein überhaupt nicht. Daniel sitzt entspannt in seinem Sessel. Wir haben alle Zeit der Welt. Uns fehlt nichts. Die Kerzen tauchen den Raum in ein warmes Licht. Es gibt keine bessere Beleuchtung als die

Flammen von Kerzen. Sie machen das Herz weich, die Seele leicht und den Kopf klar.
Ich glaube, ich habe noch nie so viel an einem Stück zu einem anderen Menschen gesprochen. Aber es mußte wohl raus. Da hatte sich so einiges angestaut, das sehr lange auf eine Gelegenheit gewartet hatte, ins Freie zu kommen. Und nun ist es passiert. Das ist gut. Chancen müssen genutzt werden. Viel zu oft werden sie das nicht. Das haben sie nicht verdient.
Daniel bewegt sich nicht. Sitzt völlig ruhig und so präsent auf dem Sofa, daß ich unwillkürlich denken muß: In der Ruhe liegt die Kraft. Er hat sein zweites Glas noch nicht angerührt. Ich nehme die Flasche und gieße mir mein Glas wieder voll. Wie kann er so reglos sitzen und gleichzeitig so lebendig sein, daß ich seine Gegenwart bis in meine Fingerspitzen fühle?
Er schaut mir nach wie vor in die Augen. Ich weiche seinem Blick nicht aus. Irgendwie kann ich seinem Blick gar nicht mehr ausweichen. Nicht, daß das schlimm ist. Ich will ihm ja gar nicht ausweichen. Ich weiß absolut nicht, was hier geschieht. Normal ist das nicht. Aber ich muß es auch nicht wissen. Ich muß nicht darüber nachdenken, sondern es einfach geschehen lassen. Ich bin fasziniert von der Intensität unseres Blickkontakts und von seiner Tiefe. Ich will irgendwas sagen, aber vergesse es sofort wieder.
Plötzlich bleibt die Zeit stehen und der Augenblick dehnt sich ins Unendliche, wo sich nach Ansicht der Mathematik

zwei Parallelen treffen. Nur sind wir keine Parallelen, aber wir treffen uns. Und es fühlt sich so an, als sei unser Treffpunkt die Unendlichkeit.
Es liegt an seinen Augen. Nein, in seinen Augen. Sie haben etwas, das ich noch nie in den Augen eines Mannes gesehen habe. Eine Tiefe, eine Grenzenlosigkeit, eine kindhafte Unschuld, die mich total in ihren Bann zieht und mein Herz immer weiter öffnet, ganz sanft und mit dem Gefühl völliger Richtigkeit. Und meine Gewißheit wächst, daß ich diesem Mann voll und ganz vertrauen kann. Ich spüre, daß etwas mit mir geschieht, das mich unter anderen Umständen unruhig, ängstlich oder fluchtbereit gemacht hätte. Doch unter diesen Umständen ist es ganz einfach das schönste Gefühl, das ich jemals in meinem Leben hatte. Obwohl ich eine Gefangene der Situation bin, fühle ich mich frei wie ein Vogel im Gleitflug. Ich sinke tiefer und tiefer in die grenzenlose Offenheit seiner Augen, ich sinke, aber es fühlt sich an wie ein Aufsteigen. Und ich erkenne vieles, das ich nie in Worte fassen könnte. Ich erkenne zugleich klare und unerklärliche Zusammenhänge, sehe eine atemberaubende Landschaft, die das Leben ist. Das wahre Leben. Das Leben, nach dem ich mich gesehnt habe, seit ich mich sehnen kann. Das mir so schmerzlich gefehlt hat, an dessen Existenz ich schon zu zweifeln begonnen habe, weil meine Suche nach ihm erfolglos geblieben war.
Ich weiß nicht, wie lange wir uns jetzt schon in die Augen sehen.

Ich werde nie die Worte finden für das, was ich fühle, erkenne und verstehe – auch wenn es vielleicht nur ein Verstehen ist, das flüchtig ist wie ein Traum. Und doch geht es ganz tief und wird mir für immer erhalten bleiben.
Als ich wieder reden könnte, will ich es nicht mehr. Will unser schweigendes Schweben nicht durch ein falsches Wort verderben, wobei jedes Wort das falsche sein könnte.
Aber dann macht sich eine immer stärker werdende Frage selbständig, über die ich nicht mehr genug Kontrolle habe, um sie daran zu hindern, von meiner Zunge zu springen.
„Wer bist du?"
Dieselbe Frage, die er mir gestellt hat. Die Frage, die den Fluß meiner Worte freigesetzt hat. Sie klingt in der Stille des Raumes nach wie ein Echo, mit immer anderen Betonungen. *Wer* bist du? Wer *bist* du? Wer bist *du*?
„Im Moment: ein Sprachloser", sagt er leise.
Ich bin noch nie einem Menschen wie Daniel begegnet, den ich kaum kenne, der mir aber so vertraut ist, daß ich es als unheimlich empfinden würde, wenn es nicht so schön wäre. Er hat mich mit seinem Zuhören so sehr beschenkt, daß ich davon einen Monat zehren kann. Nein, länger. Heißt es nicht, wenn es am schönsten ist, soll man aufhören? Ich sollte jetzt gehen – und mich auf unsere nächste Begegnung freuen. Ich bin mir ganz sicher, daß es eine nächste Begegnung geben wird. Daß es sehr viele geben wird.
„Ich habe das Gefühl, daß ich jetzt gehen sollte. Ich komme bestimmt bald wieder."

Er wirkt, als würde er mein Empfinden teilen, daß wir das, was hier geschehen ist, an diesem Punkt für heute abschließen sollten.
Wenn ich Daniels Haus verlasse, werde ich so viele Schätze mitnehmen, daß ich nicht weiß, wie ich sie tragen soll.

Er bringt mich zur Tür. Im Windfang bleibe ich stehen und drehe mich zu ihm. Erst will ich ihm meine Hand geben, lasse es aber glücklicherweise sein, weil das nicht die richtige Weise wäre, mich von ihm zu verabschieden. Ich fasse mir ein Herz und lehne meine Stirn an seine Schulter.
Er legt seine Arme so behutsam um mich, als wäre ich etwas sehr Zerbrechliches. Dabei spüre ich eine Wärme, eine Zärtlichkeit und ein Vertrauen, das ich so tief noch nie empfunden habe. Nicht mal annähernd.
Und dann ist da noch ein anderes Gefühl, das mir neu ist – und trotzdem irgendwie bekannt, obwohl das völlig unlogisch ist. Wie kann mir etwas Neues vertraut vorkommen? Dieses Gefühl verwirrt mich, aber es ist schön wie eine Magnolie in voller Blüte. Die Verwirrung ist wie ein Nebelfeld, das sich vor mein Blickfeld zu schieben versucht. Ich entscheide mich, das nicht zuzulassen, und genieße die Schönheit des Unbekannten. Ich verliere mein Zeitgefühl in unserer zarten Umarmung. Ich glaube, nach einer solchen Umarmung habe ich mich gesehnt, seit ich die Sehnsucht kenne.
Irgendwann endet sie von selbst. Vielleicht nach drei oder fünf Minuten. Ich spüre nur, daß ihr Ende nicht von

Daniel und nicht von mir ausgeht. Es ist, als würde unsere Umarmung selbst entscheiden, daß sie beendet werden will. Wie ein Sonnenuntergang von sich aus entscheidet, wann seine Pracht vergeht.
Die zwei wichtigsten Tage im Leben eines Menschen sind, habe ich mal gelesen, der Tag seiner Geburt und der Tag, an dem er erkennt, warum er geboren wurde. Heute ist vielleicht für mich dieser Tag. Denn ich habe erkannt, daß ich nicht einzelgängerisch durch das Leben gehen will, sondern daß ich einen Menschen in meiner Nähe haben möchte, dem ich alles anvertrauen kann, was mich beschäftigt und bewegt. Ein Mensch, der mir durch sein bloßes Dasein das Gefühl der Einsamkeit nimmt. Diesen Menschen habe ich heute gefunden.

Draußen begrüßt mich die immer noch warme Sommerluft. Es ist völlig windstill. Ich fühle mich innerlich so leicht und gut wie seit einer Ewigkeit nicht mehr. Eigentlich habe ich mich noch nie so gefühlt.
Etwas Wunderbares ist passiert. Es erfüllt mich von Kopf bis Fuß. Den Weg nach Hause gehe ich mit einem Lächeln auf dem Gesicht, das von tief innen kommt, vom Grund meiner Seele.

Inhalt

Hans Kruppa ist ein vielgelesener und vielseitiger deutscher Autor. Seine Gedichte und Aphorismen, Romane und Kunstmärchen, Erzählungen und Kurzgeschichten hat er in hundertvierzig Büchern mit einer Gesamtauflage von mehr als zweieinhalb Millionen veröffentlicht. Einige seiner Bücher erschienen in anderen Sprachen. Der als lyrischer Denker und reflektierter Lebensphilosoph geltende Dichter und Schriftsteller wohnt in Bremen. Für sein literarisches Werk wurde er mit dem Otto-Mainzer-Preis ausgezeichnet.

„Schreiben ist für mich Berufung und Beruf, Leidenschaft und Abenteuer, Schaffensfreude und Erkenntnisfindung. Es ist ein Teil meines Lebens und meiner Lebensqualität. Alles, was ich liebe, was mich fasziniert, betrifft und berührt, was mich vor Fragen stellt und nach Antworten verlangt, fließt früher oder später in meine Bücher. Daß sie so viele Menschen inspirieren, ist für mich eine Quelle der Freude.“

Hans Kruppa

Mehr Informationen: www.hans-kruppa.de